Ingeborg Clarus
Odysseus – Wege und Umwege
der Seele

Mythos und Psyche

Ingeborg Clarus

Odysseus
Wege und Umwege
der Seele

Bonz.

Die Deutsche Bibliothek – CIP-Einheitsaufnahme

Clarus, Ingeborg
Odysseus – Wege und Umwege der Seele;
Leinfelden-Echterdingen: Bonz 1997

Mythos und Psyche

ISBN 3-87089-326-5

© 1997 by Adolf Bonz Verlag GmbH, Leinfelden-Echterdingen
Druck: Gulde-Druck GmbH, Tübingen
Umschlag: Berthold Gaupp jun., Stuttgart

Inhaltsverzeichnis

Vorwort	7
Einführung	10

Erster Teil: Der Weg des Odysseus   17

I. Vorbemerkung	18
II. Der Schauplatz	31
III. Der Reise erster Teil	35
1. Station: Die Kikonen	35
2. Station: Die Lotophagen	36
3. Station: Die Insel der Kyklopen	37
4. Station: Aiolos	43
5. Station: Die Laistrogynen	46
Rückschau auf die ersten fünf Stationen des Weges	48
IV. Der Reise zweiter Teil	57
6. Station: Kirke	57
7. Station: Der Hades	65
8. Station: Die Sirenen	70
9. Station: Skylla und Charybdis	73
10. Station: Die Insel des Helios	76
Psychologischer Rückblick auf die Stationen Sechs bis zehn	81
V. Vom negativ-weiblichen Archetypus zur positiven Anima-Gestalt und zur Begegnung mit der persönlichen Frau	87
11. Station:	87
1. Ankunft bei Kalypso auf der Insel Ogygia	87
2. Abschied von Kalypso und letzter Schiffbruch	90
3. Leukothea	93

12. Station: Die Phaiaken		98
	Nausikaa	100
VI.	Das Ziel der Reise	107
VII.	Ende und neuer Aufbruch	126

Zweiter Teil: Der Weg des Oidipus 131

Der benachteiligte "Bruder" des Odysseus 132

Die therapeutische Funktion des Teiresias,
der Antigone und des Theseus in der Oidipus-
Dichtung des Sophokles 136

    Teiresias 136

    Antigone 144

    Theseus 149

Abschluß 167

Anmerkungen (zu Odysseus) 171

Anmerkungen (zu Oidipus) 175

Literaturverzeichnis 176

Vorwort

1996 kam der Verlag mit dem Vorschlag einer Neuauflage meines 1986 ursprünglich über Odysseus und Oidipus erschienenen Buches auf mich zu. Bei dieser Neuauflage sollte es sich aber nur um die Darstellung des Weges des Odysseus, meines alten Freundes, handeln. Am ursprünglichen Inhalt dieses ersten Teiles war es mir wichtig, noch Gesichtspunkte aus einer inzwischen erschiedenenen Arbeit des Heidelberger Graecisten und speziellen Homer-Forschers Günter Dietz einzubringen.

Heute, zehn Jahre nach dem Erscheinen der ersten Auflage (und etwa 20 Jahre, seit ich mich zum erstenmal intensiver mit dem Stoff beschäftigte) ist mir klar, daß diese Jahre an mir selber nicht spurlos vorüber gegangen sind. Deshalb wähle ich als Bild für dieses Vorwort das *Labyrinth*. Es begegnet uns seit der Jungsteinzeit an den Küsten des gesamten Mittelmeer-Raumes (und darüber hinaus) – also vorwiegend überall dort, wo wir die Stationen der Meer-Reise des Odysseus zu suchen haben.

Abb. 1: Labyrinth

Das Labyrinth ist ein altes Symbol für den Lauf der Sonne über den Tag- und Nachthimmel, durch den Lauf eines Jahres, und damit auch für den Weg des Menschen, dessen Bewußtsein eine Tag- und eine Nachtseite hat. Dieser Weg ist noch heute ein Symbol für die Aufgabe eines jeden Menschen. Er beginnt mit der Geburt: Jedes Kind, das ins Leben hineinwächst, lernt, mit den materiellen Gegebenheiten der irdischen Welt umzugehen. Und kein Mensch kann sich im Lauf seines Lebens vor dem drücken, was wir die »Realität« nennen. Er muß lernen, sich sozial zu verhalten, Verkehrsampeln zu beachten, er muß Lesen, Schreiben, einen Beruf erlernen und vieles andere mehr. Das ist also der Weg vom »Zentrum« nach »außen«, in die Welt. Aber gerade in der Auseinandersetzung mit vielleicht unbequemen Lebensregeln oder mit anderen Menschen begegnen wir unausweichlich auch uns selbst. Da zeigt es sich, daß der Weg nach außen gleichzeitig den Blick in eine innerseelische Welt, mit deren Freuden und Schmerzen eröffnet. Die Wahrnehmung unserer Innenwelt entzündet sich im Kontakt mit der »realen« Welt. Beide, die äußere und die innere Welt, haben jeweils ihren eige-

nen Wert. Wer die äußere Welt ignoriert, gerät im Leben ebenso unter die Räder wie der, der seine innere Wirklichkeit vernachlässigt und darüber seelisch krank wird.

Odysseus wird oft als ein alter Sonnen-Heros bezeichnet. Auf den Aspekt des »Helden« möchte ich aber bei dieser Betrachtung seines Weges weniger Wert legen, weil Odysseus dem klassischen Helden-Ideal nur sehr bedingt entspricht. Vielmehr erscheint er mir als exemplarischer Vertreter eines Menschen, der seinen irdischen Weg ernst nimmt und das tut, was dieser Weg als notwendig erfordert – und, der in der Verantwortung für sich und seine »Gefährten«, einen Initiationsweg beschreitet. In diesem Prozeß begegnen sich äußere und innere Wirklichkeit. Odysseus erkennt z.B., daß die mythischen Vertreter einer primitiven Männlichkeit (wobei wir an Polyphem mit seinen Riesen-Ansprüchen oder an die undisziplinierten Gefährten denken können) mit ihm selber, mit den Regungen seiner inneren Welt genau so zu tun haben wie auch mit der Stimme seines männlichen Seelenführers Hermes.

An diesen wenigen Beispielen wird bereits klar, wie schwierig der Weg durch das Labyrinth unseres Lebens ist. Und wer einmal wirklich den schmalen Spuren des Labyrinthes auf dem Fußboden z.B. der Kathedrale zu Chartres gefolgt ist, weiß, daß es Konzentration erfordert, ohne »Fehltritt« ins Zentrum zu gelangen, dort die »Wende« zu vollziehen und wieder heraus zu kommen. Vor diese Anforderung werden auch die Leser dieses Buches gestellt, die den Weg des Odysseus begleiten wollen. Die Bewußtseins-Ebenen wechseln häufig. Mythos und Realität scheinen ineinander zu fließen, müssen aber durch die geistige »Wende« im richtigen Augenblick unterschieden werden. Dies gilt für den Umgang mit dem Text dieser Arbeit genau so, wie für unser reales Leben, weshalb sich viele Leser der ersten Auflage des Buches spontan mit »Odysseus« zu identifizieren vermochten.

In dieser Neuauflage fehlt die Darstellung des Weges des durch sein Schicksal benachteiligten »Bruders« des Odysseus, Oidipus, dessen Pfad in die rationalistisch verdorrte Wüste des ausschließlich technisch »Machbaren« unserer Zeit führt – einer Zeit, in welcher die Fruchtbarkeits-Göttin Demeter »grollt«. Deshalb versuchen so viele Menschen, ihrer seelischen Verarmung mit Hilfe von Drogen und übertriebenem Genuß von Alkohol oder Nikotin zu entkommen.

»Oidipus« – damals und heute – benötigt menschliche Hilfe. Dieser Hilfe ist das letzte Kapitel über »Die therapeutische Funktion des Teiresias, der Antigone und des Theseus in der Oidipus-Dichtung des Sophokles« gewidmet.

Einführung

Dieses Buch handelt von Odysseus, einem Menschen, dessen Schicksal die griechische Erzählkunst vor zweitausendsiebenhundert Jahren gestaltet hat. Seine »Lebenszeit« liegt noch länger zurück. Er gehört der griechisch-mykenischen Kulturepoche an, also einer Zeit, in welcher der Trojanische Krieg stattfand.

Zurecht mag gefragt werden, was uns heutige Menschen der Lebensweg dieses Mannes angeht.

Die *Odyssee* schildert den Heimweg ihres Helden auf dem Meer. Das Große Meer ist ein Bild für die zutiefst unbewußte Schicht unserer Existenz, die Matrix, aus der unser Bewußtsein nur langsam und punktuell auftaucht. – Odysseus, zunächst zu Schiff, schwimmt schließlich durch das Meer von einer Insel zur anderen.

Es liegt nahe, diese Inseln und das feste Land überhaupt als Bild für das Bewußtsein und für den Boden der gesicherten Tatsachen anzusehen. Odysseus schwimmt also von einer Bewußtseinsinsel zur anderen, stets bedroht durch das Chaos der Gestaltlosigkeit. Er ist noch ganz von den Urgewässern des kollektiven Unbewußten umfangen. Aber in dem Maß, in dem sein Bewußtsein sich aus diesem »Großen Meer« löst, nimmt es von einer Insel zur anderen eine deutlichere und differenziertere Gestalt an. Die Ungeheuer und Unholde, mit denen er zu kämpfen hat, nehmen langsam menschliche Formen an, bis er endlich seiner ganz persönlichen Gefährtin, Penelope, neu begegnet.

Anders als etwa der durch seinen klugen Intellekt verblendet strauchelnde Oidipus wächst bei Odysseus sein »unteres Bewußtsein« – repräsentiert durch die kollektive Verbindung mit seinen ungeschlachten »Gefährten« – mit seinem sich differenzierenden »oberen Bewußtsein« im Verlaufe seines Lebensweges zusammen. Er lernt, mit »zwei Augen« die Doppeldeutigkeit der menschlichen Welt zu erkennen und zu bewältigen. Und so steht am Ende der Odyssee der Auftrag, von nun an

auch die Bereiche des »festen Landes« auszuschreiten. Dieser Auftrag war von jeher die Aufgabe des »homo sapiens«, des »wissenden« Menschen, auf die wir uns heute wieder neu zu besinnen haben.

Der Mensch der Frühzeit bewältigte seine Wege zu Fuß, zu Pferde, mit dem Wagen oder auf einem Schiff. Auf Wanderungen, auf Reisen zu Wasser, zu Land und auf dem Luftweg erfahren wir auch heute noch, wie die Erlebnisse dieser Wege zu *Bildern* werden, die immer wieder auftauchen und uns unser Leben lang begleiten. Je älter ein Mensch wird, desto wichtiger werden ihm die Bilder seines Lebensweges. In Todesnähe, so wissen wir durch die Berichte Überlebender, zieht die Folge unserer Lebensbilder wie ein Film an uns vorüber.

In kritischen Situationen taucht auch sonst vor unserem inneren Auge blitzartig irgendein Ereignis auf, welches das augenblickliche Erleben mit einem visuellen oder akustischen Eindruck der Vergangenheit zusammenschießen läßt.

Vor allem unsere Träume bedienen sich der Bilder unseres bisherigen persönlichen Erlebens und der Urbilder der Menschheit, die uns wie ein Muster eingeprägt sind, ohne daß wir es immer wissen. Aber auch im Moment eines starken ersten Erlebens, einer ersten Begegnung mit Menschen oder Naturgewalten können uns Bilder zu einem plötzlichen Evidenzerlebnis werden. Solche Bilder werden zum *Symbol*. Denn im Symbol fügen sich innere und äußere Wirklichkeit, inneres und äußeres Ereignis zum anschaubaren Bild für etwa, das sich in Worten schwer beschreiben läßt.

Das Wort Symbol leitet sich von dem griechischen Verbum »symballein« ab, es bedeutet »zusammenwerfen«. In der griechischen Frühzeit war es üblich, daß Freunde, wenn sie sich trennten, eine Scherbe oder einen Ring entzweibrachen. Nach vielen Jahren der Trennung bewiesen die zusammenpassenden Teile: Wir kennen uns, wir gehören zusammen.

Wer offen an die Lektüre der Odyssee herangeht, spürt, wie die mythischen Gestalten und eigene persönliche Probleme zusammenpassen, er erlebt erneut, wie es ist, wenn einem »alles über den Kopf zusammenschlägt«, oder wenn einer erschüttert vor dem negativen Ergebnis seiner besten und klügsten Bemühungen steht. So werden die mythischen Gestalten zum Symbol für etwas Typisches in uns.

Wenn Archäologen oder Mythologen etwas Neues entdeckt haben, fragen sie selbstverständlich nach den mythischen oder geschichtlichen Zusammenhängen, denen das Gefundene angehört, welches sie in der Hand halten. Ohne diese Zuordnung sind Fehldeutungen unvermeidlich. Ähnlich ergeht es dem Psychologen, der sich mit den Äußerungen der unbewußten Schicht seines Analysanden beschäftigt. Diese Äußerungen bestehen häufig in Traum-Bildern, die unverständlich bleiben, wenn man nicht die persönliche Lebensgeschichte des Träumers und sein kulturgeschichtliches und soziales Umfeld kennt.

So wird es auch im Verlauf der Beschäftigung mit dem Sagenstoff über Odysseus immer wieder erforderlich sein, nach den mythischen Zusammenhängen und nach dem zu fragen, wovon damals das Bewußtsein der Menschen geprägt war und was, vom psychologischen Gesichtswinkel aus gesehen, am Mythos einer Zeit abgelesen werden kann.

Der Mythos ist eine Erzählung über das, was »einmal war«. Die Gestalten dieser Überlieferungen sind Götter und Heroen. In ihnen spiegelt sich das Gottes- und Menschenbild jener Zeit wider. Die *Bilder,* die sich der Mensch von seinem Gott macht, sind Projektionen seines eigenen Bewußtseinszustandes.

Wir sprechen von Ebenen des Bewußtseins. Damit meinen wir die Weise, in welcher Menschen verschiedener Zeitalter und Kulturepochen ähnliche, den Menschen stets begleitende Fragen zu stellen und zu beantworten suchten. Auch der heutige Mensch durchläuft diese allgemein-menschlichen Stufen im

Verlauf seiner persönlichen Entwicklung. So »denkt« zum Beispiel ein Kind in Bildern, also in einer durchaus archaischen Weise, was ein erwachsener Europäer in abstrakteren Gedanken ausdrückt.

Während der Zeit, in der sich die Geschichte von Odysseus abspielte, fand einer der entscheidenden Umbrüche des menschlichen Bewußtseins statt.

Noch zur Zeit, in der die kretische Kultur blühte, herrschte dort und im gesamten Mittelmeer-Raum die »Große Göttin«, wie sie *W. Helck*[1] beschrieben hat. Diese Große Göttin war eine noch undifferenzierte weibliche Gestalt, die als Mutter und Geliebte in einem ihre Verehrer beherrschte. Zahlreiche Bilder legen davon Zeugnis ab. Mit dieser Göttin setzen sich mehr oder weniger deutlich alle griechischen Heroen auseinander. Denn der Geist der dorischen Einwanderer, die das Neue des nun griechischen Bewußtseins mitbrachten, war männlicher Prägung. Die hauptsächlichen Vertreter dieses neuen Bewußtseins waren Zeus und seine beiden Söhne Apollon und Hermes.

Die Entwicklung, aus der Bindung an die »Große Mutter« mit Hilfe des »väterlichen« Geistes herauszuwachsen, macht noch heute jedes Menschenkind unseres Kulturbereiches durch.

Wenn man den Stoff der Sage unter psychologischem Gesichtswinkel betrachtet, dann kommt man nicht umhin, die griechische Antike einer Analyse vom heutigen Gesichtspunkt aus zu unterziehen. Das ist ein Wagnis, das wir nur im vollen Bewußtsein unserer Begrenzung unternehmen können. Doch geht uns das Erwachen des griechischen Geistes aus dem Schoß der »Großen Göttin« heute so stark an, daß dieses Wagnis gerechtfertigt erscheint. Denn bei den Griechen bahnte sich zum ersten Mal in der Geschichte der abendländischen Menschheit das an, was wir heute die Differenzierung des Individuums nennen.

Während zur Zeit der Ägypter die Menschen noch fraglos in den kollektiven Normen und in der Verbindung zu den Göttern verankert waren, taucht bei den Griechen die Frage auf: Wer bin ich als *Einzelmensch,* und wie stehe ich zu den bisher allgemein gültigen Normen? Diese Frage spiegelt sich wider in der Auseinandersetzung der Griechen mit Troja, wo noch die Große Göttin herrschte. Später, zur Zeit der zweiten Berührung der griechischen Kultur mit Kleinasien während der Perserkriege, differenziert sich das griechische Bewußtsein vollends zur der Gestalt, wie sie aus den Zeugnissen der griechischen Philosophie erkennbar geworden ist.

Odysseus gehört der ersten Epoche dieser Entwicklung an. Das liegt daran, daß die Odysee bereits um 700 v. Chr. überliefert ist.

Der Mythos um Oidipus spiegelt z. B. die gleiche Auseinandersetzung wider, aber in einer Form, die der Sprache des Sophokles um 200 Jahre später entspricht. Und dieser Mythos und sein Dichter stehen bereits unserer heutigen Bewußtseinslage näher und beschäftigen die Tiefenpsychologen aller Herkunft als »Frühstörungen« intensiver. Diesem Phänomen soll im Anhang dieses Buches über die »Drei Therapeuten« des Oidipus Rechnung getragen werden. – Die Sprache der Odyssee aber ist sehr viel bildhafter als jene der späteren griechischen Dichter.

Der Mythos von Odysseus begleitet die Menschheit seit mehr als zweieinhalb Jahrtausenden. Das spricht dafür, daß die abendländischen Menschen aller Zeiten irgendwie durch diese Erzählungen berührt wurden. Die Odyssee wurde nicht nur als mehr oder weniger spannende Seefahrergeschichte weitererzählt. Sie beschäftigte die Dichter anders als z. B. die Oidipodie, die als Ausdruck der menschlichen Tragik und deren kultischer Heilung empfunden wurde.

Die Irrfahrten des Odysseus nach dem Ende des Trojanischen Krieges sind dagegen keine Tragödie, sondern sie berichten ein

typisch menschliches Schicksal, dessen Wege und Umwege ihn letztlich zum Ziel führen. – *Günter Dietz*[2] spricht über den Weg des Odysseus in Kürze das Wesentliche aus:

»So werden durch den Mythos Homers … Achill und Odysseus zu großen … Symbolgestalten, an deren Lebensweg und Schicksal sich überzeitlich Menschliches ablesen läßt … Was der homerische Held leidet und leistet, ist beispielhaft auch für alle Nachkömmlinge, ist etwas, was auf dem Reifeweg eines jeden Menschen liegt, der in unserem Kulturkreis aufwächst.« – Eine Dichtung, die derartig nachhaltig die Gemüter bewegt, berührt offenbar die Grundlagen unseres Daseins.

Nach *Sigmund Freud,* dessen Aufmerksamkeit besonders der verdrängten Schicht persönlicher Erlebnisse ins Unbewußte galt, fand *C. G. Jung,* daß die menschliche Seele außerdem in viel größeren Tiefen verankert ist, als es dem Inhalt unseres persönlichen Unbewußten entspricht. Er stellte die Zusammenhänge zwischen den Mythen der Menschheit und den Inhalten der unbewußten Schicht des heutigen Menschen dar und nannte diese Schicht das »kollektive Unbewußte«. Die Inhalte dieser kollektiv-unbewußten Schicht sind oft in überraschender Weise mit den Bildern von Mythen lang vergangener Zeit identisch oder nahe verwandt. Diese Bilder machen Muster des menschlichen Seins im Symbol anschaubar, die als sogenannte »Archetypen« sich auf jeder neuen Bewußtseinsebene wandeln und stets neue Gestalt annehmen.

Das Werk von *C. G. Jung* steht, oft unausgesprochen, im Hintergrund meiner Arbeit.

Mit aller geboten erscheinenden Deutlichkeit muß am Ende dieser Einleitung noch darauf hingewiesen werden, daß jede psychologische Interpretation nur einen Teilaspekt der Dichtung erfassen kann. Im Grunde genommen ist es vermessen, Mythen psychologisch »deuten« zu wollen. Richtiger müßte man sagen: Man kann oft mit einem Satz aus einem alten Epos,

aus einem Märchen oder aus der biblischen Überlieferung ein seelisches Ereignis *verdeutlichen.*

Indem wir zum Beispiel ein Traumbild mit mythischen Bildern oder Texten anreichern, können wir es besser verstehen. *C. G. Jung* hat für diese Methode den Ausdruck *Amplifikation* geprägt.

In diesem Sinne möchte die vorliegende Arbeit verstanden sein.

Erster Teil: Der Weg des Odysseus

1. Der Ruf des Menelaos

I. Vorbemerkung[5]

In Sparta, einem Stadt-Staat der Landschaft Lakedämoniens auf der griechischen Halbinsel Peloponnes, war ein Unglück geschehen.

Als eines Tages der dort herrschende König Menelaos von einer Fahrt zurückkehrte, mußte er feststellen, daß ein junger Trojaner, Paris, seine Frau, die schöne Helena, nach Kleinasien entführt hatte. Der Palast, die Stadt waren sozusagen ihrer weiblichen Seele beraubt. Daß Helena mehr war als nur die Gattin des Königs, geht aus der Überlieferung hervor, nach welcher Helena ursprünglich eine Fruchtbarkeitsgöttin war. Ihr Verlust mußte also für ein Königtum schwerwiegende Folgen nach sich ziehen.

Menelaos, der uns aus der Ilias des Homer als der »Rufer im Streit« bekannt ist, rief zunächst seinen Bruder Agamemnon zu Hilfe. Nachdem der Versuch einer friedlichen Heimholung vermittels einer Gesandtschaft fehlgeschlagen war, übernahm Agamemnon die Aufgabe zu einem allgemeinen Feldzug gegen Troja aufzurufen.

Wenn wir fragen, wie die vielen kleinen Fürsten der griechischen Landschaft dazu kamen, diesem Ruf Folge zu leisten, so überkommt uns zunächst ein Erstaunen. Denn von einem griechischen Gesamtstaat war damals noch keine Rede. Aber *etwas* verband diese Fürsten alle: Sie hatten sämtlich einmal um die Hand der schönen Helena angehalten! Und als sie endlich dem Menelaos zugesprochen war, hatten sich auf den Rat des Odysseus alle verpflichtet, daß sie dem nun rechtmäßigen Ehegatten beistehen würden, falls er in irgendeine Schwierigkeit um seine Frau geraten sollte.

Wenn Helena allen Griechen derartig wichtig war, daß sie dem Ruf der Brüder Menelaos und Agamemnon fast ohne Zögern Folge leisteten, dann steht zu vermuten, daß Helena mehr als

nur die »Seele« des Palastes zu Sparta war. Ganz »Hellas« horchte auf. Man wußte: Wenn »Helena« entführt wird, dann stimmt bei uns etwas nicht mehr. Vielleicht hatte man sie in Sparta, vielleicht in ganz Griechenland vernachlässigt? Nun war sie durch den jungen Prinzen Paris aus Troja nach Kleinasien entführt worden. Dabei hatte ihm die Göttin Aphrodite, eine Erscheinungsform der in Kleinasien noch eindeutig herrschenden »Großen Göttin«[1] geholfen.

Die Hellenen machten sich auf, um ihre weibliche Seele heimzuholen, ohne die es kein Gedeihen im Lande der neu erwachenden Männlichkeit geben konnte.

Auch Odysseus hatte ja einst zur Schar der Freier um Helena gehört[6]. So war er selbstverständlich verpflichtet, an dem geplanten Kriegszug teilzunehmen.

2. Die Vorgeschichte des Odysseus

Als Großvater des Odysseus mütterlicherseits gilt *Autolykos,* ein Räuber und Meisterdieb. Dieser war ein Sohn des Gottes Hermes und als Erzlügner bekannt. *Karl Kerényi* übersetzt seinen Namen mit »einsamer Wolf«.[7]

In der Nachbarschaft des Autolykos gab es aber einen noch gerisseneren Mann mit Namen Sisyphos. Dieser kam dahinter, wie Autolykos ihm seine Rinder stahl, und das machte dem Großvater des Odysseus solchen Eindruck, daß er seine Tochter Antikleia heimlich dem Sisyphos unterschob, bevor er sie mit dem ehrenwerten Laertes verheiratete. So war der eigentliche Vater des Odysseus nicht Laertes, sondern Sisyphos. Sisyphos hatte einst den Tod überlistet. Er war also ein Mensch, der sich weigerte, das Schicksal der Sterblichkeit anzunehmen. Das war Hybris gegenüber den Göttern, wofür er in der Unterwelt die bekannten Qualen erleiden mußte*.

* Sisyphos mußte einen Felsbrocken mit großer Anstregung einen Berg hochwälzen. Kurz vor dem Ziel rollte der Stein zurück, ein Bild vergeblichen menschlichen Bemühens.

Es gehört zu den Aufgaben des Odysseus, dieses väterliche Erbe zu verarbeiten, indem er sich später freiwillig zur irdischen Sterblichkeit entscheidet.

Der Großvater Autolykos verlieh seinem Enkel Odysseus seinen Namen: »der Zürnende«**, weil er selber, der »einsame Wolf«, stets zürnend durch sein Leben ging.[8] Das heißt wohl, daß er sich im steten Zwist mit der Welt und sich selber befand.

** von »Odyssomai« = grollen, zürnen, (Od. XIX, 409)

Abb. 2: Hermes, der göttliche Ahne den Odysseus

Der *göttliche* Urahne des Odysseus ist *Hermes,* einer der Vertreter des neu erwachten griechischen Geistes. Dessen Vater Zeus ist der eigentlich »Leuchtende«, sein Bruder Apollon der Vertreter des menschlichen Maßes. Hermes aber, der jüngere Sohn des Zeus, vertritt die gerissene Schläue und ist der Gott der Händler und der Diebe. Aber ebenso wie um die Logik der Ratio weiß Hermes in der Unterwelt Bescheid. Er geleitet die Seelen der Toten in den Hades und ist so der Helfer in Grenzsituationen des menschlichen Lebens; er vermag noch Wege zu weisen, wo dem Verstand des Menschen kein Weg mehr sichtbar erscheint. Das nicht *nur* rationale Erbe des Hermes prägte den menschlichen Vertreter einer neu erwachenden menschlichen Bewußtseinsqualität: Odysseus.

Der *menschliche* Vater des Odysseus war *Laertes,* ein durch und durch ehrenwerter, verläßlicher und lebenskluger Mann. Er galt als gütiger Herrscher seiner kleinen Insel Ithaka.

Wenn er, wie es damals üblich war, von phönikischen Händlern einen Knaben aus fürstlichem Hause als Sklaven erwarb, so wurde der Gekaufte menschlich behandelt. Eumaios, der spätere Vorsteher der Schweinehirten, war auf diese Weise auf die Insel gekommen. Wie ein Bruder wurde er gemeinsam mit dem kleinen Odysseus erzogen und wurde so zu einem treuen Freund und ergebenen Diener seines Herrn.

Laertes war sicher ein liebender, besorgter Vater. Nachdem sein Sohn nicht mit den übrigen Kämpfern aus Troja heimgekehrt war, zog er sich trauernd auf seine Landgüter zurück. Er aß und schlief bei seinen Knechten und bestellte gemeinsam mit ihnen die Äcker und Gärten.

Von der Mutter des Odysseus, *Antikleia,* ist außer ihrer Abstammung wenig bekannt. Jedoch können wir annehmen, daß sie ihrem Sohn außer der Klugheit seines Großvaters Autolykos-Sisyphos von kleinauf mit herzlicher Liebe entgegenkam. Als er nicht zurückkehrte und sie befürchten mußte, daß er tot sei, starb sie aus Kummer um ihn.

Als die Werber des Agamemnon und des Menelaos bei Odysseus erschienen, war er gerade jung mit der schönen und klugen *Penelope* verheiratet. Günter Dietz[3] weist darauf hin, daß Penelope eine alte lunare Göttin in Arkadien war. Als solche wurde sie in Sparta verehrt. Auch Odysseus hatte in Arkadien einen Kultus. So kann man annehmen, daß auf dieser »göttlichen« Ebene die Hochzeit zwischen Odysseus und Penelope ein alter Hieros Gamos zwischen einem solaren Heros und der lunaren Göttin war. Auf der »menschlichen« Ebene war Penelope die Tochter des Ikarios von Sparta. Nach Pausanias (3,17) ordnete Ikarios für die Freier seiner Tochter einen kultischen Wettlauf an, den Odysseus mit Athenas Hilfe gewann.

Als er mit seiner Braut nach Ithaka aufbrach, verfolgte Ikarios zunächst das Paar, weil er sich von seiner Tochter nicht trennen wollte. Aber Penelope verbarg sich als »Schwarzmond« vor ihm. Da erkannte er, daß seine (Monden)Tochter den (Sonnen)Odysseus mehr liebte, als ihren Vater, und er gab seine Einwilligung.

Dieser doppelte Aspekt (der menschlichen und der göttlichen Ebene) wird uns in dem Kapitel über die Heimkehr des Odysseus noch näher beschäftigen.

Abb. 3: Die „Große Göttin", die Herrscherin der vorgriechischen Zeit

Als sich nun die übrigen griechischen Fürsten anschickten, die schöne Helena aus Troja zurückzuholen, hatte Penelope vor kurzer Zeit den kleinen Telemach geboren. Da kamen die Werber auch auf die Insel Ithaka, auf der Odysseus als König herrschte. Er verspürte keinerlei Neigung zu einer kriegerischen Auseinandersetzung mit Kleinasien. Denn obwohl er einst zu den Freiern der Helena gehört hatte, war er der Ansicht, daß ihn diese Helena und die Große Göttin der Trojaner nichts mehr angingen. Er war glücklich in seiner Ehe und in seinem kleinen Reich, in dem er schon vor dem Trojanischen Krieg als milder und väterlicher König galt (Od.II,234). So beschloß er, sich geisteskrank zu stellen in der Hoffnung, daß dann die Kriegswerber weiterziehen und auf den jungen Sonderling ver-

zichten würden. Aber einer der Achaier, Palamedes, war noch schlauer als der »Kriegsdienstverweigerer«. Er legte dem angeblich Verrückten seinen kleinen Sohn vor die Pflugschar (oder er bedrohte das Kind mit dem Schwert), worauf der Vater sich entschieden und umsichtig des Säuglings annahm. Odysseus, der Vertreter der neuen griechischen Ratio, versucht hier, eine Regression vorzutäuschen, die ihm aber von der gesamtgriechischen Gesandtschaft nicht abgenommen wird.[9] Damit war Odysseus überführt und mußte sich der gemeingriechischen Sache anschließen, der er sich nun mit all seinen Fähigkeiten zur Verfügung stellte.

Als nach Kriegsende die Achaier zur Heimat aufbrechen wollten, entstand ein Streit zwischen den Königen Agamemnon und Menelaos. Menelaos und der alte Nestor drängten zur sofortigen Heimfahrt, während Agamemnon die »beleidigten Götter« erst durch Opfer versöhnen wollte. Nestor gelangte ohne Schwierigkeiten in die Heimat. Er wußte, daß ein Unrecht, welches bei der Plünderung von Troja besonders an der unglücklichen Tochter des Priamos, an Kassandra, der Unheilsprophetin, begangen worden war, nicht einfach durch »Hundertopfer« aus der Welt zu schaffen sei. Od III, 143–146 und 153 heißt es:

> »... Tor! Er (Agamemnon) wußte nicht, daß sein Beginnen umsonst war!« ...

und

> »... es bereitete Zeus den Achaiern die Strafe des Unfugs.«
> (Od III,153)

So berichtete der alte Nestor später die Geschichte dem Sohn des Odysseus, Telemach.

Kassandra hatte sich bei der Einnahme Trojas schutzflehend an den Altar der Pallas Athena geflüchtet. Der Lokrer Ajas aber hatte sie von dort fortgerissen und vergewaltigt. Schließlich

wurde sie als Beutesklavin dem König von Mykene, Agamemnon, zugesprochen. Durch diese Gewalttat aber wurde Athena, die Schutzgötting des Odysseus, beleidigt. So ist zu verstehen, daß er unterwegs umkehrte, um bei ihrer Versöhnung gegenwärtig zu sein. Aber offenbar wurde er in diesem Augenblick seiner »inneren Athena«, seiner Animagestalt, untreu. Der alte Nestor sah den Vorfall wirklichkeitsgerechter. Odysseus hatte wahrscheinlich zu denen gehört, die dem Ajas seine Tat nicht verwehrten. Damit hatte er vielleicht gegen sein eigenes Gefühl verstoßen, er hatte »seine Göttin« beleidigt. Verständlicherweise wollte er das wieder gutmachen, doch sagte der weise Nestor, daß dies nicht so einfach möglich sei. Man kann eine derartige Schuld an seiner eigenen Seele nicht »bezahlen«, indem man hundert Schafe abschlachtet*. Zwar hatten die »Hekatomben-Opfer« damals einen anderen Sinn, als wir es uns heute vorstellen; es sollten wirkliche Sühneopfer sein. Aber diese alte Form der Sühne scheint für Odysseus in dieser Situation nicht mehr stimmig zu sein. Das spürte er, als er mit Nestor abfuhr. Möglicherweise wäre ihm die Wiedergutmachung am weiblichen Anteil seiner Seele zuhause auf andere Art gelungen. Doch scheint es, daß er gegen seinen eigentlichen Instinkt handelte, denn er hatte seine Schutzgöttin verraten. Deshalb wird er ins Meer des Poseidon gestoßen. Vielleicht aber auch war es sein Lebensinstinkt, der ihn auf die ihm gemäße Schicksalsreise sandte!

Künftig erlebt er, daß ihm Zeus und seine Schutzgöttin Athena fern sind. Statt dessen erfährt er durch lange Zeit die furchtbare Nähe des dunklen Bruders des Zeus, des Meergottes Poseidon, eines Vertreters der zerstörerisch-gewalttätigen Männlichkeit. Diese noch undifferenziert männliche Qualität wird besonders deutlich, wenn man daran denkt, wie anders sich ein *einzelner* Mensch in der gleichen Situation benehmen kann als im Kollektiv. Denn Odysseus sitzt mit vielen Männern »in einem Boot«, als er von Troja aufbricht. Unter ihnen ist er nicht nur der besonnene einzelne, sondern er ist von dieser Gruppe auf Gedeih und Verderb abhängig. Wenn sie nicht in seinem Sinne »mitzieht«, ist er machtlos.

* In der Sprache der Luther-Zeit sagt ein Vers des Ablaßhändlers Tetzel: »Wenn das Geld im Kasten klingt/die Seel' vom Fegefeuer in den Himmel springt!«

Abb. 4: Poseidon, der Widersacher des Odysseus und dunkle Bruder des Zeus.

* »alte Sage«: Pindar ... und *Hesiod,* Theogonie Vers 886–900

3. Die Gestalt des Odysseus und die Würdigung seiner Wesensart in der Ilias des Homer

Die Gestalt des Odysseus wird in der Ilias (III, 192–224) beschrieben. Er war von gedrungenem Wuchs, breitschultrig und stark behaart, »wie ein wolliger Widder«. Er war kurzbeinig, aber ein Sitzriese. Früher galt er als unbeholfen und steif. Man sah ihm seine Fähigkeiten nicht an und war erstaunt, was herauskam, wenn er den Mund auftat. Man würde ihn heute einen Spätentwickler nennen.[10]

Während der langen Belagerung von Troja erwarb sich Odysseus den Namen eines standhaften, umsichtigen Kämpfers, der durchhält, wenn die Lage bedrohlich wird, der aber nie sinnlos sein Leben aufs Spiel setzt.

Vor allem aber heißt er der *Erfindungsreiche* und der *Listige,* dessen Phantasie in verfahrenen Lagen weiterhilft und durch dessen List und persönlichen Einsatz Troja schließlich fällt.

Schließlich heißt er auch der *Dulder.* Er ist einer, der im Ausweglosen durchhält.

Dies alles sind Eigenschaften, die den Griechen der archaischen Zeit nicht selbstverständlich waren.

Auch die Beziehung des Odysseus zu Athena ist etwas Besonderes. Athena ist bekanntlich aus dem Haupt des Zeus entsprungen. Wie es zu dieser merkwürdigen Schwangerschaft und Geburt kam, berichtet eine alte Sage*: (Pindar, Olympische Oden VII, 35 in »Pindar«, Tusculum Ausgabe S. 55/Heimeran, Orfo).

Vor seiner Verbindung mit seiner olympischen Gattin Hera hatte sich Zeus mit einer Göttin der vor-olympischen Generation verbunden. Sie hieß *Metis* und war die Repräsentantin einer alten, weiblich geprägten Lebensordnung. Sie ist der ägyptischen Maat zu vergleichen, vor der jeder Mensch an der Todesschwel-

le sein Leben zu verantworten hat. Zeus fürchtete eine alte Prophezeiung: Daß sein Erstgeborener von Metis ihn selber töten würde. Deshalb »verschlang« er die schwangere Metis. Er nahm also die alte weibliche Weltordnung in sich auf und ging mit ihr schwanger. Als die Zeit dafür reif war, gebar er mit Hilfe des Schmiedegottes Hephaistos seine Tochter Athena aus dem Haupte. Athena ist demnach ein Symbol für die Vereinigung einer alten weiblichen Weisheit mit einer neuen männlichen Ordnung. Athena bringt viele technische und künstlerische Errungenschaften in die Welt, zum Beispiel die Weberei, den Schiffsbau und die Kultur des Ölbaumes. Athena, die Vertreterin einer gewandelten Ordnung, ist die Schutzgöttin des Odysseus.

Abb. 5: Hephaistos als „Geburtshelfer" des Zeus

Unter den Griechen vor Troja gab es nur wenige, die noch eine ganz persönliche Beziehung zu einer Gottheit hatten und deren Gegenwart sofort wahrnahmen. Eine solche Beziehung bedeutet im übertragenen Sinn, daß ein Mensch noch ein unmittelbares Gespür für das hat, was »richtig« ist im geistigen und im kreatürlichen Sinn des Wortes. Zu diesen wenigen gehört außer Achilleus (der noch ganz unbehindert mit seiner göttlichen Mutter Thetis verkehrt) erstaunlicherweise Odysseus. Denn wenn ein Mensch neue Bewußtseinsschritte tut, so geht ihm normalerweise leicht das Gespür für die alten Werte verloren. Athena aber bewahrt ihren Schützling vor den Entgleisungen eines einseitig männlichen Intellekts. Sie stärkt ihn in der Not, sie beschirmt ihn in der Gefahr, oder sie beflügelt seine Einfälle, wenn es nötig ist. Wenn sein von Natur zorniges Herz »bellen« möchte, rät sie zur Mäßigung. So wird Odysseus nach dem alten Nestor zum »Weisen« im Rat. Ihm erteilt man schwierige Aufträge, wenn es z. B. um die Versöhnung des schmollenden Achilleus oder um eine Gesandtschaft an den Priester des Apollon, Chryses, geht, dem seine Tochter zurückgebracht werden soll, damit der Zorn des Apollon beschwichtigt werde. Odysseus ist unter den Kämpfern vor Troja ein besonderer Mann. Zwar durchbohrt auch er seine Gegner mit dem Speer, wie es Homer in einer uns nur schwer erträglichen Anschaulichkeit beschreibt. Aber er ist kein wilder Draufgänger wie der große Ajas

und tötet nie aus Mordlust. Er schaut stets ein Stück weiter voraus als seine Umgebung. Wo Hauen und Stechen unsinnig werden, zieht er sich zurück. Als er mit den tapfersten Achaiern im Bauch des von ihm erfundenen hölzernen Pferdes saß, rief die listige Helena jeden der Helden mit der Stimme seiner Gattin beim Namen. Alle drohten, auf diesen weiblichen Zauber hereinzufallen, denn die Stimme der Helena tönt aus jedem Weibe! Nur Odysseus behielt die Nerven und hinderte die Genossen am vorzeitigen Aussteigen aus ihrem Versteck. Als einziger vermochte er die Stimme des weiblichen Kollektivs (Helena) von der individuellen Stimme seiner und der anderen Gattinnen zu unterscheiden (Od IV, 271–289).

4. Vorüberlegung zur Deutung der Odyssee unter psychologischen Aspekten

Bevor der Weg des Odysseus am Leitfaden der Dichtung des Homer verfolgt werden soll, ist noch klarzustellen, was unter dem psychologischen Gesichtswinkel gemeint ist, unter dem die einzelnen Gestalten betrachtet werden.

Dabei soll vor allem eine gewisse Schwierigkeit beschrieben werden, die auftauchen kann, wenn man diese Gestalten auf der Objektstufe oder auf der Subjektstufe deutet.

C. G. Jung[11] hat diese Begriffe in seiner Traumlehre eingeführt. Wenn er von der »Objektstufe« spricht, so meint er damit die Gestalten unseres Traumes, die den realen Menschen, Tieren oder Objekten unseres Wachlebens entsprechen und auch als solche im Traum gemeint sind. Das Elternhaus ist dann einfach das Haus, in dem der Träumer geboren und aufgewachsen ist. Vater und Mutter sowie die Geschwister sind namentlich gemeint. Sein Hund hat keine andere Bedeutung als eben dieser reale Hund usw.

Bei einer Deutung auf der »Subjektstufe« aber bekommen diese realen Gestalten einen anderen Stellenwert. Sie verkörpern dann Teilaspekte des Träumers (des Subjektes). Das bedeutet, daß sie nun ein symbolischer Ausdruck für etwas sind, das in diesem träumenden Menschen vor sich geht.

Mit der Beschreibung des Weges des Odysseus ist dessen *Lebensweg* gemeint. Die Zeit dieses Weges ist ziemlich genau festgelegt. Mit etwa fünfundzwanzig Jahren wird er seine Heimat verlassen haben. Der Trojanische Krieg dauerte zehn Jahre. Mit fünfunddreißig Jahren tritt der Held seine Heimfahrt an. Zehn Jahre währen seine Irrfahrten, in deren Verlauf sich entscheidende Ereignisse und Lebensschritte vollziehen, welche den Übergang des jungen zum gereiften Manne und die jeweils neuen Lebensstufen kennzeichnen.

Mit fünfundvierzig bis fünfzig Jahren stand ein Mensch zur Zeit Homers an der Schwelle des Alters. Was danach kommt, wird durch den Vater des Odysseus, Laertes, verkörpert.

Dieser Weg und seine Stationen werden zum Symbol im oben beschriebenen Sinn. Es werden uns zahlreiche symbolische Bilder auf dem Weg des Odysseus begegnen; nicht alle können gleich gründlich behandelt werden, manches wird in der Andeutung verbleiben müssen. Dem Leser wird stets Gelegenheit geboten sein, seine eigenen Phantasien und Erlebnisse mit den Stationen des Odysseus zu vergleichen.

Einige Aspekte sollen hier schon berührt, aber später erst ausführlicher besprochen werden.

Odysseus fährt mit einer kleinen Flotte von zwölf* Schiffen aus Troja ab. In jedem der Schiffe sitzen vierundzwanzig Ruderer. Diese sind die *Gefährten* seiner ersten Mannesjahre, die er vor Troja verbrachte.

* Die Gefährten zählen ein Vielfaches von zwölf, der Zahl der Ganzheit in allen Mythen. Es gab 12 olympische Götter, 12 Taten der Herakles und 12 Stationen auf der Reise des Odysseus. Die Gefährten des Odysseus verleiblichen eine mögliche kollektive Ganzheit auf dem ersten Teil seines Lebensweges. In dieser ersten, naiven Ganzheit des Menschen steckt oft ein Entwurf seiner späteren Lebensmöglichkeit, die jedoch in ihrer endgültigen Gestalt noch nicht realisierbar ist.

Aus der Sicht der analytischen Psychologie von *C. G. Jung* sind die Gefährten einmal als objektive Individuen, also als die tatsächlichen Kampf- und Weggenossen des Odysseus zu sehen. Zum anderen aber können sie auch als subjektiv zu ihm gehörige Eigenschaften betrachtet werden. Dann verkörpern sie Wesensteile seiner selbst, die gar nicht immer das tun, was der Namens- und Bewußtseinsträger, der Held der Erzählung, will. Dies liegt zum Teil daran, daß die Aspekte der Gefährten einer neu erlangten Bewußtseinsebene des Odysseus nicht mehr gemäß sind. Insofern müssen sie geopfert werden. Zum anderen Teil aber können sie als Repräsentanten unbewußter Inhalte des Helden angesehen werden. Diese waren aus dem Bewußtsein abgespalten (in Tiere verwandelt) und müssen durch Odysseus erlöst (integriert) werden. Denn solche animalischen Triebaspekte gehören zwar zu jedem Menschen, aber er kann nur dann mit ihnen leben, wenn sie vermenschlicht werden, sonst richten sie Unheil an.

Zuletzt ist Odysseus allein, er hat alle Gefährten verloren, und es bleibt die Frage, wo diese geblieben sind? Gingen sie einfach verloren, oder tauchen sie in verwandelter Gestalt wieder auf? Vorerst bestand nur Odysseus allein die Proben, die auf der Schwelle zu neuen Bewußtseinsgraden zu bestehen waren. Die »Vielen« sind zwar in dem »Einen« enthalten, aber sie müssen sich ihm unterordnen.

Odysseus begegnet auf seiner Fahrt zahlreichen *mythischen Gestalten.* Diese sind teils männlichen, teils weiblichen Geschlechts. Die *männlichen* Gestalten haben meist mit primitiven Schichten seiner eigenen Männlichkeit zu tun. Insofern verkörpern sie ein unpersönliches Kollektiv, das mit archaischen und mit persönlichen Schattenanteilen des Mannes zu tun hat. Allmählich aber verhelfen diese unpersönlichen Gestalten und die Auseinandersetzung mit ihnen dem Helden auch zu seiner persönlichen Identität. Endlich verweist der Gott Hermes auch auf einen überpersönlichen, männlich-geistigen Bereich.

Die *weiblichen* Gestalten treten als Fabelwesen oder als Göttinnen auf. Auch sie entstammen zunächst einer archaischen Kollektivschicht, nehmen aber im Laufe der Zeit immer menschlichere Züge an. Sie sind Vertreterinnen eines ambivalenten weiblichen Archetypus, aus welchem sich dann immer deutlicher die Animagestalt des Mannes in ihren hellen und dunklen Aspekten differenziert.

Es sei hier nur kurz erwähnt, daß die Anima der dem Mann innewohnende weibliche Seelenanteil ist (und entsprechend gibt es den männlichen Seelenanteil der Frau, was *C. G. Jung* vielfach beschrieben hat[12, 13]).

Schließlich gibt es in der Odyssee noch den Archetypus des »Alten Weisen«[14], den der Held in der Unterwelt antrifft. Es ist der Seher Teiresias, welcher dem Odysseus seine Weisung für das weitere Leben erteilt. (Wir werden Teiresias auf dem Wege des Oidipus als dessen »ersten Therapeuten« kennenlernen.)

II. Der Schauplatz

Zu Beginn der Odyssee werden drei Schauplätze vorgestellt: zwei irdische und ein himmlischer.

Der *erste* Schauplatz kann als Bereich der »Großen Göttin« (Mutter) bezeichnet werden.

Odysseus sitzt auf der Insel Ogygia als Gefangener der mächtigen Nymphe Kalypso. Der Name deutet auf eine gute, bergende Höhle hin*. Homer nennt sie die »Melodische«. Sie ist also eine weibliche Gestalt mit volltönender Stimme, in welcher ihr Wesen unverhohlen schwingend zum Ausdruck kommt. Sie ist die Tochter des Himmelsträgers Atlas aus dem Geschlecht der früher herrschenden Titanen.

Atlas trägt das Himmelsgewölbe am westlichen Ende der Welt. Zu Kalypso war Odysseus als einsamer Schiffbrüchiger gekommen, nachdem er alle seine Gefährten verloren hatte. Sie nahm ihn hilfreich und liebevoll auf. Zunächst genoß er diese unsterbliche Liebe in vollen Zügen. Aber bald wurde er der Nymphe überdrüssig. Ihn verlangte nach seiner realen Gemahlin Penelope und seiner kleinen, menschlichen Heimat auf der Insel Ithaka.

Kalypso aber war übermächtig. Ohne ihre Einwilligung vermochte er nicht weiterzukommen. Er besaß ja weder Schiff noch Ruderer. So sitzt er Tag für Tag weinend und verzweifelt am Gestade der Insel. Das große, weite Meer umbrandet ihn. Bald sind es die ewig gleichmäßig schwappenden Wogen, bald eine stürmisch-aggressive Brandung, die ihm seine hoffnungslose Lage inmitten des gestaltlosen Weltmeeres ins Bewußtsein hämmern.

Abgezehrt und verzweifelt sitzt er dort, verlassen von Göttern und Menschen. Das Schlimmste aber ist, daß auch Athena ihn vergessen zu haben scheint (Od XIII, 315–318). Seine Phantasie ist verdorrt, kein rettender Einfall hilft ihm weiter. Die paradiesisch schöne Insel der Kalypso ist ihm fade geworden, und rundum wogt bedrohlich das Chaos.

* Günter Dietz, II, 1988, S. 97, deutet den Namen der Kalypso als »Verhüllerin«, was wohl die Wissende um die Geheimnisse um Leben und Tod meint, ein Wissen, welches sie nur selten preisgibt.

Der *zweite* Schauplatz ist der Olymp, das Reich des »Großen Vaters« Zeus. Dort tagt die Ratsversammlung der Götter. Zeus spricht über die Dummheit und Schlechtheit des Menschengeschlechts, das sein Verderben selber verschuldet. Darauf meldet sich Athena und fragt, wieso Odysseus, der wirklich nichts Böses getan habe, seit sieben Jahren so elend auf der Insel der Kalypso gefangen sitze. Zeus antwortet abwehrend: Nicht ich verfolge den Odysseus, sondern mein gerade abwesender (dunkler) Bruder Poseidon. *Den* hat Odysseus beleidigt, weil er dessen Sohn Polyphem geblendet und verhöhnt hat. Zeus wäscht seine Hände in Unschuld! Aber Athena gibt nicht nach, sie erinnert Zeus an seine Zuständigkeit und bewirkt, daß Hermes zu Kalypso gesandt wird mit dem Befehl, Odysseus zu entlassen (Od I, 44–87).

Athena aber begibt sich nun auf den *dritten* Schauplatz, die Insel Ithaka. Dort herrscht die menschliche Realität. Aber die sieht trostlos aus: Die kluge Penelope, von der jeder annimmt, sie sei verwitwet, wird seit drei Jahren durch die vornehmen Jünglinge von Ithaka und den umgebenden Inseln umworben und bedrängt. Die Odyssee zählt über hundert Freier auf (Od XVI, 246–251). Es darf uns zunächst nicht wundern, daß »Jünglinge« um eine Frau werben, die dem Alter nach ihre Mutter sein könnte. Zwar war der Inzest um diese Zeit bereits streng verboten, aber es war damals möglich, daß der Mann gleichaltrig oder wesentlich älter oder jünger sein konnte als seine Gemahlin. So wurde dem jugendlichen Oidipus die sicher doppelt so alte Jokaste zugesprochen, deren Gatte Laios kurz zuvor scheinbar durch einen »Unfall« ums Leben gekommen war.[15]

Offenbar war es aber nicht üblich, daß ein großes Freierheer jahrelang das Vermögen der Umworbenen oder ihres Sohnes verpraßte und sich derartig unverschämt aufführte, wie es im Epos beschrieben wird. Kam es dazu, weil Telemach, der noch nicht seines Namens* würdige Sohn des Odysseus, erst zwanzig Jahre alt war und sich nicht zu wehren wußte? Es erscheint merkwürdig, daß dieser Sohn beständig unter den verhaßten

Abb. 6: Athena, die Schutzgöttin des Odysseus

* Telemachos heißt etwa »der in die Ferne Treffende, Kämpfende«.

Freiern sitzt und sich durch diese verhöhnen läßt. Telemach wird uns als wenig tatkräftig und depressiv geschildet.

Seine Mutter Penelope scheint an der schlimmen Lage ebenfalls nicht unbeteiligt zu sein: Sie nimmt die Geschenke der Freier entgegen, zeigt sich den jungen Männern ab und zu, ja, läßt einzelnen von ihnen immer wieder persönlich erscheinende Botschaften zukommen (Od II, 91/92, VIII, 163ff). Außerdem ist sie mit einer Webarbeit beschäftigt (vgl. S. 126). Sie erklärt den Freiern, sie müsse für ihren Schwiegervater Laertes ein kunstvolles Leichentuch fertigstellen, bevor sie sich entscheiden könne. Durch eine ihrer Mägde kommt es aber heraus, daß sie die tagsüber gewirkte Arbeit bei Nacht wieder auftrennt und so die Freier täuscht (Od II, 104–106). Nun, da der Betrug ans Licht kommt, sind alle aufgebracht und zwingen die Königin, ihre Arbeit fertigzustellen.

* Der Name der Penelope sagt, daß sie gut mit den Fäden umgehen kann, daß sie eine gute Spinnerin und Weberin ist. Dieses kollektiv-weibliche Eigenschaft hat sie mit Kirke und Kalypso, mit allen Spinnerinnen der Schicksalsfäden in vielen Mythen gemein.

Die kluge Penelope erweist sich einerseits als ihres Beinamens* würdig. Andererseits aber muß man fragen, warum sie die Freier, die ihr so lästig sind, nicht eindeutig zurückweist. War dies, dem Brauch der Zeit entsprechend, ganz unmöglich? Im Stillen hofft die Königin noch auf die Heimkehr ihres Odysseus. Gleichzeitig aber läßt sie sich die Werbung der Jünglinge gefallen und ihre Mägde tun unverhohlen, was diese Freier sich wünschen (Od XXIII, 462–464). Die Kluge hat sich in ihrem eigenen Lügengewebe verstrickt. Sie sitzt genauso verzweifelt und ratlos in ihren Gemächern wie Odysseus auf der Insel der Kalypso. Odysseus ist ein Gefangener der Nymphe, Penelope befindet sich in der Gewalt der Freier, denen sie nicht mehr ausweichen kann.

Auf diesen Schauplatz in Ithaka begibt sich nun Athena, um den jungen Telemach aufzurütteln und die Heimkehr des Odysseus vorzubereiten.

Die genannten drei Schauplätze bleiben latent auf dem Weg des Helden gegenwärtig. Sie verbildlichen den Konflikt des Epos,

nämlich, wie im *Olymp* das neue *männliche Bewußtsein* in der Gestalt vor allem des Zeus Platz genommen hat und nun fordert, daß die alte Herrschaft der weiblichen Göttin (hier exemplarisch vertreten durch Kalypso) überwunden werde. *Aus dem Reich der »Kalypso«, also der mütterlich bergenden weiblichen Höhle, muß Odysseus sich lösen, um Ithaka, das Reich der menschlichen Realität zu erreichen.*

III. Der Reise erster Teil

(Die Auseinandersetzung mit dem negativ Männlichen.)

1. Station
Die Kikonen

Odysseus ist von Troja abgefahren. Als erste Station erreicht die kleine Flotte das Land der Kikonen. Diese sind ein troisches Hilfsvolk aus Thrakien. Sie lebten vom Weinbau und von der Schmiedekunst.[16] Sie waren in den Augen der Griechen ein barbarisches Volk, bei dem Menschenopfer noch üblich waren. Das wissen wir aus der Erzählung von Iphigenie und Orest und aus anderen Quellen. Die Griechen verhalten sich den Barbaren gegenüber so, wie es damals üblich war: Sie führten sich als ganz gewöhnliche Piraten auf. Odysseus fand nichts dabei, im Vorbeifahren die Stadt der Kikonen zu überfallen und dort seine männlichen Primitiv-Impulse hemmungslos auszuleben. Die Männer wurden erschlagen,

> »die jungen Weiber und Schätze teilten wir alle unter uns gleich.«
> (Od X, 41/42)

Vieh, goldene Becher, Wein, schöne Frauen, dies alles war ihnen ein selbstverständlicher und im Wert ganz ununterschiedener Besitz.

Zwar riet der schlaue Odysseus, nun schleunigst das Weite zu suchen, aber die »anderen«, mit denen er im Boot saß, wollten noch mehr; vor allem wünschten sie ihre Beute vor der Abfahrt noch weidlich zu genießen. Doch sie hatten ihre Rechnung ohne den Wirt gemacht: Die Kikonen holten ihre Freunde herbei und schlugen mit vereinten Kräften die Griechen in die Flucht.

Die Griechen, deren Sitten während der zehn Jahre vor Troja sicher nicht verfeinert wurden und die sich hemmungslos holen wollten, was sie brauchen konnten, erhielten ihre erste Lektion, die sie in ihre Grenzen verwies. Aber sie begriffen keineswegs, daß die angeblich so derben Thraker ebenfalls Menschen waren; das war auf der damaligen Bewußtseinsstufe noch nicht zu erwarten.

Wenn wir aber Odysseus mit seinen Gefährten als eine archetypische Gestalt ansehen wollen, die uns heute noch angeht, dann

müssen wir schon bei den Ereignissen auf dieser ersten Station jener langen menschlichen Irrfahrt aufhorchen.

Wie benehmen denn *wir* uns gegenüber den Menschen, die »anders« sind als wir? Hier in der Odyssee erfahren wir, daß die angeblich so edlen Griechen sich mindestens so barbarisch und undifferenziert benehmen wie die »Anderssprechenden«, die man so nennt, weil man ihr »Lallen« (lautmalerisch »barbar«) nicht versteht. (Ein »Barbaros« ist einer der lallt, ein Stammler und ein ungebildet roher, grausamer Mensch, der sich gewalttätig und habgierig auf alles stürzt, und auf den man sich nie verlassen kann.[17]) Ohne daß sie sich dessen bewußt sind, benehmen sich Odysseus und seine Gefährten genauso, wie sie es diesen Fremden unterschieben. Sie begegnen also in der Projektion einem eigenen, sehr verachteten Wesensteil, den man in der psychologischen Fachsprache als »Schatten« bezeichnet.

Die zweite Station der Heimfahrer, die inzwischen einem ersten Sturm auf dem Meer glücklich entronnen waren, sieht ganz anders aus. Sie gelangen in das Land der Lotophagen*. Diese Blumenkinder erfreuten sich daran, die schönen Blumen zu pflücken und deren Früchte zu essen. Und, wie echte Süchtige, waren sie sofort darauf bedacht, die Neulinge in ihre Gemeinschaft zu ziehen und sie ebenfalls in den Genuß der Droge gelangen zu lassen. Homer berichtet:

> »Wer nun die Honigsüße der Lotosfrüchte gekostet,
> Dieser dachte nicht mehr an Kundschaft oder an Heimkehr,
> Sondern sie wollten stets in der Lotophagen Gesellschaft
> Bleiben und Lotos pflücken, und ihrer Heimat entsagen.«
> (Od IX, 94–97

Odysseus muß die dem Zauber der Blumenkinder Erlegenen unter seinen Kameraden gewaltsam zurückholen und gefesselt unter die Ruderbänke legen. Sie haben die Realität, sich selber und ihre Heimat vergessen.

2. Station
Die Lotophagen

* Das Gewächs, das die Lotophagen essen, ist nicht eindeutig zu bestimmen. Der ägyptische Lotos ist eine Seerosenart. Botaniker haben auch den Zürgelbaum, den Brustbeerenbaum oder die Dattelpalme hinter dem Genußmittel der Lotophagen vermutet. Näher liegt die Annahme, daß es sich dabei um Mohn oder Haschisch handelte. Neure Untersuchungen egaben, daß in der Symbolpflanze Altägyptens, der nympea caerulea, starke narkotische Substanzen enthalten sind (Emboden, 1979); zit. nach Christine Pellech[18] und Der kleine Pauly, Bd. 3, 1975, S. 742.

Was ist aus den Seeräubern geworden, daß sie plötzlich den Versuchungen der Lotophagen erliegen? Hat diese Sucht vielleicht ähnliche Wurzeln wie das vom Einzelnen in unserer Gesellschaft unverantwortete Räubern und Randalieren? Wer dem Kollektiv nicht entwächst, wird sich stets unschuldig fühlen, wenn die »Gruppe« Unheil angerichtet hat. »Das habe ich doch nicht gewollt, der Anführer hat es befohlen«; oder: »die Regierenden da droben« sind an allem schuld, so wird argumentiert. Die unschuldige Gemeinschaft der Blumenkinder zieht sich aus der Verantwortung ebenso zurück wie die Randalierer. Dieser Versuchung zur Regression müssen die Gefährten entrissen werden, wenn der Lebensweg nicht stagnieren soll.

3. Station
Die Insel der Kyklopen

Weiter fährt die Flotte des Odysseus zu ihrer dritten Station. Noch trägt die große Flut der Unbewußtheit ihre Schiffe erstaunlich gut. Aber es wird bedenklich finster. In tiefster Nacht erreichen sie die Insel der Kyklopen.

Eine Insel im Meer bedeutet in der Symbolsprache stets eine Insel des Bewußtseins. Welche Bewußtseinsstufe die Seeräuber bisher erlangt haben, wird bei der Beschreibung dieser Insel bald deutlicher:

> »Ein Gott war unser Geleiter
> Durch die finstere Nacht; wir sah'n nicht, wohin wir uns wandten.
> Dickes Dunkel umdrängte die Schiffe, es leuchtet' am Himmel
> Weder Mond noch Stern, in schwarze Wolken gehüllet.
> Niemand erblickte daher mit seinen Augen die Insel,
> Selbst die langen Wogen, die hin ans Ufer sich wälzten,
> Sahen wir nicht ...«   (Od IX, 142–148)

Ob diese Nacht eine Folge der Lotophagie war, der einige der Mannschaft zum Opfer gefallen waren, bleibt dahingestellt. Wenn nicht ein Gott die kleine Flotte geleitet hätte, so wäre sie wahrscheinlich an den Klippen dieser Insel zerschellt. In der totalen Finsternis des Unbewußtseins bleibt nichts anderes übrig, als zunächst einmal der Regression nachzugeben und sich »schlafen zu legen«.

Als dann die »dämmernde Frühe mit Rosenfingern erwachte«, und man wieder zu sehen vermochte, nahm man staunend wahr, wo man gelandet war: in einem vom Menschen nie betretenen Land der paradiesischen Fülle und gleichzeitig der völlig ungebändigten Naturgewalten.

Odysseus wird neugierig und möchte das Land erkunden. Aber offenbar ahnt er, daß dieses Unternehmen nicht ungefährlich ist, denn die Mächte der Natur sind unberechenbar.

Kyklopen sind riesengroß, ein kleiner Mensch vermag gegen sie nichts. Außerdem leben sie als Einzelgänger, keiner kümmert sich um den andern (Od IX, 115). Offenbar sind sie unfähig, sich aufeinander einzustellen und irgendeine soziale Ordnung anzunehmen. Darin erscheinen sie einem heutigen Dreijährigen und dessen Allmachtsphantasien nicht unähnlich.

Sie kennen weder Ackerbau noch Handwerk und leben ausschließlich vom Ertrag ihrer Herden und von dem, was die üppige Mutter Natur ihnen an Früchten anbietet.

Odysseus beschließt, seine Flotte am Gestade einer kleinen Nebeninsel zu verankern und nur mit den zwölf tapfersten Gefährten die Unternehmung zu wagen. Sie gelangen zu einer Höhle, in welcher einer der Riesen haust. Als die Männer ankommen, ist er mit seinen Schafen und Ziegen unterwegs. In der Höhle findet sich ein großer Überfluß an Produkten aus Milch. Die mütterliche Milch scheint hier eine große Rolle zu spielen. Man befindet sich also nicht nur in einer grobschlächtigen Männergesellschaft, sondern ebenso in der Nähe des Ur-Weiblichen, worauf auch die Höhlenform der Wohnung hinweist.

Diesmal wird den Gefährten die Sache unheimlich. Sie bekunden keinerlei Neigung, die nähere Bekanntschaft dieser Welt und ihrer Bewohner zu machen. Aber Odysseus muß diese Gesellen kennenlernen, wie sollte er sonst in Zukunft mit den Kyklopenmächten im eigenen männlichen Unbewußten umge-

hen? Magisch zieht ihn die kollektive Schattengestalt, seine eigene dunkle Seite an. Seine lange Irrfahrt ist ihm nicht sinnlos auferlegt worden.

Vorerst stärken sich die Kundschafter nur an etwas Käse und warten ab, wer da kommen wird. Als der Unhold gegen Abend naht und mit Gepolter seinen Packen Brennholz auf den Boden der Höhle wirft, da

>»erschraken sie und flohn in den innersten Winkel der Höhle«,
(Od IX, 236)

um sich vor dieser fürchterlichen Größe zu verstecken. *So* schlimm hatte es sich selbst Odysseus nicht vorgestellt! Mit einem gewaltigen Felsbrocken, den zweiundzwanzig Gespanne nicht von der Stelle bewegen könnten (Od IX, 241), verschließt Polyphem den Eingang seiner Höhle wie ein Faß mit dem Spund, wie einen Embryo im Mutterleib. Die Menschen sind auf Gedeih und Verderb in die Gemeinschaft des Riesen gezwungen, der nun mit einer Tätigkeit beginnt, welche erstaunlich geordnet wirkt. Er melkt seine Tiere, liebevoll,

>»nach der Ordnung«

legt er

>»den Müttern die Säuglinge ans Euter«   (Od IX, 245)

und setzt die Hälfte der Milch zum Käsen an. Die andere Hälfte, es mag nicht wenig gewesen sein, schüttet er für sich in große Bottiche zum Abendessen.

Der Riese erweist sich zunächst als eine hegende, ordnende Naturmacht. Seine Herden gedeihen unter seiner sorglichen Pflege und bringen reichen Ertrag. Das ist die *eine* Seite des Kyklopen. Die *andere* Seite zeigt sich sogleich, als er beim Feueranzünden die Menschen in seiner Behausung entdeckt. Sofort erklärt er den Fremdlingen, daß menschliche Maßstäbe für ihn nicht gel-

ten, daß er auch von den Göttern und von dem Zeus geheiligten Gastrecht nichts hält,

»denn wir sind besser als jene!«   (Od IX, 276)

Ohne weitere Umstände ergreift er zwei Gefährten, zerschmettert ihnen die Schädel, daß das nichtige Gehirn herausspritzt, und verspeist sie mit der Milch. Die Naturmacht setzt sich gewalttätig über das menschliche Maß hinweg und verschlingt es, wenn es ihr vorgehalten wird.

Im Laufe von vierundzwanzig Stunden hat der Riese Polyphem bereits die Hälfte von Odysseus' Kameraden aufgefressen und angekündigt, daß er sich den Anführer als Leckerbissen zum Schluß aufsparen werde. Es scheint keineswegs darum zu gehen, daß der fressende Riese sich etwas »Menschliches« einverleibt, das etwa veredelnd auf ihn wirken könnte, sondern es geht schlicht um die Frage, ob von den Menschen überhaupt etwas übrigbleibt. Wenn nicht, dann wäre das Ergebnis, daß die unbewußten Naturmächte das menschliche Bewußtsein vollkommen verschlingen würden. Für den heutigen Menschen stünde am Ende eines »Sieges des Polyphem« wahrscheinlich eine größenwahnsinnige Psychose.

Die Gefahr ist buchstäblich »riesengroß«. Mit gewöhnlicher menschlicher Kraft ist dagegen nichts auszurichten, da hilft nur noch die List des Schwächeren, aber Wacheren. Die List des Odysseus besteht darin, daß er das »Kyklopen-Bewußtsein« einschläfert und schließlich vernichtet. Bildhaft wird das Kyklopenbewußtsein deutlich in dem *einen* Stirn-Auge des Riesen. *Ein* Auge ist nur zum flächenhaften Sehen geeignet. Es vermag nicht räumlich zu sehen, nicht die *zwei* Seiten einer Sache wahrzunehmen. Alles ist in dieser Sicht noch *eines,* so wie vor der Schöpfung des spezifisch menschlichen Seins.

Jeder Mensch hat einmal das Stadium des »Kyklopen-Bewußtseins«, eines unermeßlichen Allmachtsgefühls, durchgemacht.

Ich habe diesen Zustand am Beispiel des Himmelfahrts-Liedes des ägyptischen König Unas ausführlich beschrieben.[19] Damals war die *magische* Ebene des menschlichen Bewußtseins noch lebendig. Aber um die Zeit des archaischen Griechentums hält die Macht des Zaubers nicht mehr fraglos stand. Odysseus muß aktiv gegen die Bedrohung durch Polyphem vorgehen. Die erste Stufe dieser Auseinandersetzung mutet zwar noch magisch an: Der Held macht den Riesen betrunken, und zwar mit Hilfe eines Weines, der aus dem Heiligtum Apollons stammt. Ein Priester des Gottes, Maron, hatte den Trank bei den Kikonen dem Odysseus geschenkt* (Od IX, 199/200). Der Wein war so stark, daß Menschen ihn nur in zwanzigfacher Verdünnung mit Wasser ertragen konnten. Diesen Wein kredenzte Odysseus dem Riesen in reiner Essenz. Es verwundert nicht, daß jenes konzentrierte Getränk aus dem Bereich des höchsten griechischen Bewußtseins (Apollon) dem Vertreter der reinen Naturgewalt das Bewußtsein raubte. Polyphem, der großmäulige Sohn des Poseidon**, liegt schnarchend auf dem Boden seiner Höhle und erbricht im Schlaf wieder Teile der Menschen, die er verschlungen hatte.

Der zweite Akt der Bewältigung des Riesen erfordert allen männlichen Mut des Odysseus und seiner Gefährten: Zunächst arbeiten sie die Primitiv-Waffe des Riesen, eine mächtige Keule aus Olivenholz, zu einem sorgfältig zugespitzten Pfahl, also einem lanzenähnlichen Gebilde um. Die Spitze bringen sie im Feuer zum Glühen und rennen damit das Kyklopenauge ein. Die Glut des Feuers ist dabei von wesentlicher Bedeutung.

Warum wurde das Kyklopenauge mit Feuer ausgebrannt? Feuer hat nicht nur eine zerstörende Wirkung, es ist gleichzeitig ein Wandlungssymbol. Ein Mensch, der seine Größenphantasien opfert, muß ja keinen Selbstmord begehen. Aber es kann sein, daß er durch das freiwillige Opfer von einem selbstherrlichen Kyklopen zu einem sozialen Wesen wird, das die Wünsche und Bedürfnisse seiner Mitmenschen »achtet wie sich selbst«. Der Schritt von der Stufe des Einzelgänger-Kyklopen zum eigentli-

---

* Als Dank dafür, daß Odysseus ihn und sein Heiligtum als einzige vor dem Massaker auf der ersten Station seiner Fahrt verschont hatte.

** Seine Mutter ist vielleicht Gê, die alte Erdgöttin.

chen Menschsein ist damit vollzogen, wobei das Feuer nicht nur verwandelnde, sondern auch neues Bewußtsein weckende Funktion hat. Das »dritte Auge« (Chakra) der Inder deutet diese Funktion an*.

Es ist schließlich aufschlußreich, *wie* Odysseus mit seinen Gefährten aus der Höhle des Kyklopen entkommt: Er bindet seine Kameraden jeweils in die Mitte unter die Böcke. Er selber krallt sich unter dem Leitwidder fest, dem Lieblingstier des Polyphem. Es sei in diesem Zusammenhang erinnert, daß Odysseus selber (in der Ilias) in seiner Behaarung geschildert wird »wie ein wolliger Widder«. Indem er sich eng an sein eigenes, animalisches Ebenbild anschmiegt, entkommt er der Naturmacht des Kyklopen.

Odysseus ist freilich von seinen Allmachtsanwandlungen noch nicht ganz geheilt, sonst würde er den Geblendeten nicht noch herausfordern, ihn beleidigen und damit alles erneut aufs Spiel setzen. Es ist auch heute ein Kriterium des Erwachsenseins, daß Menschen sich mit anderen auseinanderzusetzen gelernt haben, ohne daß der Überlegene den Schwächeren demütigt. Odysseus aber hat den Riesen nicht nur klug überwunden, er hat ihn zuletzt auch noch durch seinen Spott zusätzlich verletzt. Der gekränkte Riese rächt sich. In der Odyssee wird berichtet, wie der ohnmächtig wütende Polyphem mit gewaltigen Felsbrocken nach dem abfahrenden Schiff wirft und seinen Vater Poseidon anruft, den »bläulich gelockten« Bruder des Zeus. Mit der Macht des Meeres-Gottes bekommt es Odysseus auf seinen weiteren Wegen besonders zu tun.

* Über die Symbolik des Sehens und der Blendung werde ich mich in einem demnächst in diesem Verlag erscheinendes Buch über den *Sinn des Opfers* näher äußern.

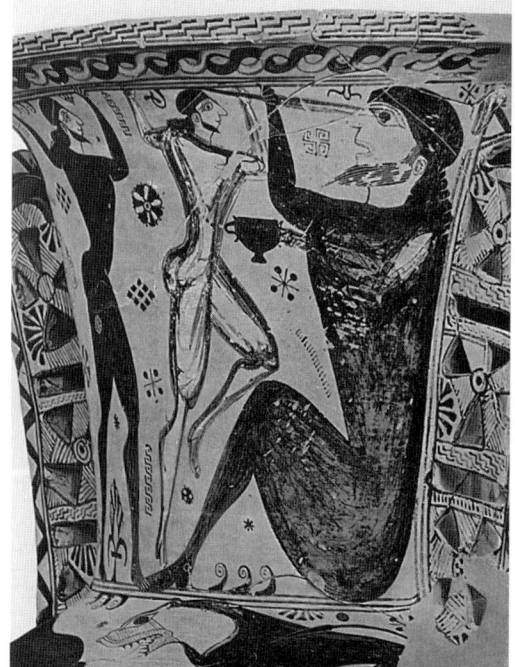

Abb. 7: Die Blendung des Polyphem: Odysseus ist als Bewußtseinsträger hellhäutig, Polyphem und die Gefährten dunkelhäutig dargestellt

4. Station Aiolos

Die Flotte nähert sich nun ihrer *vierten Station,* der schwimmenden Insel des Windgottes *Aiolos.* Die Gefilde dieses Gottes, der die *Luft* beherrscht, sind steil und durch eine Mauer von Erz umgeben. Wie die Gefährten dort landen und das glatte Felsgestade überklettern, wird nicht berichtet. Sie treten in die Halle des Beherrschers neuer Elementargewalten ein.

Winde verkörpern etwas anderes als felsbrocken-schleudernde Vulkane oder brausende Wogen. »Der Wind weht, wo er will.«[20] Er verkörpert das »Pneuma« der Griechen in vielerlei Gestalt. Der schöpferische Lebensgeist und der scharfe Intellekt wohnen oft gefährlich nahe beisammen.

Aiolos ist ein Meister im Umgang mit Gegensätzen. Seine »Söhne« und »Töchter« hat er im Inzest aneinander gekettet. Solange dieser Zustand währt, ist nicht zu befürchten, daß die Pole sich entzweien und im ungezähmten Wüten Schaden anrichten. Der symbiotische Inzest-Zustand gewährleistet zunächst noch einen ungestörten Frieden, der aber in dieser Gestalt ebenso schwankend ist wie die schwimmende Insel, auf welcher der Inzest noch gültig ist.

Odysseus ist einen ganzen Monat mit seiner Mannschaft hier zu Gast – und in der wortlosen Schule des Umgangs mit den »Winden«, den Gewalten, die niemand mit Händen greifen kann. Dann wird er entlassen. Ein freundlicher Westwind treibt die Schiffe zur Heimat. Odysseus ist wach, er sitzt neun Tage und neun Nächte am Ruder seines Schiffes und steuert den Kurs. – *Neun* ist in der mythischen Sprache eine bedeutende Zahl. Nach *Schliephacke*[21] ist sie eine Mond-Zahl. Die Schwangerschaft der Leto dauerte neun Tage, nach deren Ablauf sie die Götter Apollon und Artemis gebar. Die großen Opfer zu Delphi fanden ursprünglich alle neun Jahre statt. Der germanische Gott Odin hing neun Tage und Nächte am Weltenbaum, um Weisheit zu erlernen. Odysseus selber schwamm nach seinem Schiffbruch in der Charybdis neun Tage und Nächte im Meer – und endlich wird mit der »Großen Neun« der Ägypter eine Vollständigkeit von dreimal drei Göttern benannt.

Hier, während der Fahrt des Odyssus nach der Entlassung durch Aiolos, ist die Neun der Ausdruck einer ersten inneren Krise. Diese Zeit des »Krisen-Schlafes« benötigt der Held. Außerdem kann er länger als neun Tage und neun Nächte nicht wach sein. Als dann endlich das Ziel seiner Reise in Sicht ist, schläft er ein.

Nun zeigt es sich, daß seine Gefährten bei Aiolos nichts gelernt haben. Der König der Winde hatte Odysseus ein Geschenk mit auf den Weg gegeben. Es war ein fest verschlossener Schlauch, in welchem alle übrigen Winde, außer dem freundlichen Westwind, gebändigt lagen.

Wer ein Ziel ansteuert, muß sich begrenzen. Er muß viele drängende Möglichkeiten, die sich gleichzeitig anmelden, unter Verschluß und in einer vorläufig ausschließenden Ordnung halten, damit das Werk eine gültige Gestalt gewinnen kann.

Im zehnten Gesang der Odyssee heißt es, daß die »Gefährten« neidisch wurden. Sie vermuteten, daß Odysseus ihnen etwas vorenthalte.

Wie oft geschieht es, daß ein geistig Überlegener beargwöhnt wird, als ob er seinen Mitmenschen ein Geheimnis mißgönne, eine Weisheit verschweige. Sie fragen vielleicht: Was hat es mit der Macht des Geistes auf sich, welche Schätze verbirgt uns dieser Odysseus? Aber nicht nur Außenstehende, auch »innere Gefährten« ertragen die Begrenzung schwer. Sie wollen auch leben, auch Macht über das beherrschende Bewußtsein haben. So verhalten sich auch jene, die mit Odysseus in seinem Schiff sitzen. Als er eingeschlafen ist, können sie der Versuchung nicht mehr widerstehen, den geheimen Schlauch zu öffnen. Die Wirkung ist fürchterlich. Die freigewordenen Orkane brechen von allen Himmelsrichtungen gleichzeitig los. Alle Insassen des Schiffes haben die Orientierung verloren. Der erwachende Odysseus ist dem Selbstmord nahe (Od X, 51/52). Diesem Chaos fühlt er sich nicht mehr gewachsen, das ist schlim-

mer als die Taten des Polyphem. Der Vertreter des Bewußtseins im Schiff beschließt zu schweigen und das Unerträgliche zu *erdulden*. Der Windgeist hat ihm anscheinend alle bisher geltenden Maßstäbe durcheinander gerüttelt. Vielleicht war das die notwendige Voraussetzung für eine neue Besinnung?

Nach der Insel des Aiolos zurückgeworfen, wird Odysseus vom Herrscher der Winde barsch des Weges verwiesen. Er hat die Probe des disziplinierenden Geistes nicht bestanden.

> »Hebe dich eilig hinweg von der Insel, du Ärgster unter den Menschen...«
> »Hebe dich weg, denn du kommst mit dem Zorn der Götter beladen!«
> (Od X, 72,75)

Der Kopf der Besatzung, Odysseus, tat zwar alles, um den Unfug der Gefährten zu vermeiden. Doch er kann nicht *nur* wach sein. Irgendwann hängt er den eigenen Phantasien nach, die auftauchen, wenn ein Mensch übermüdet ist. Irgendwann schläft er ein und verliert die Kontrolle über seine ungenügend einbezogenen inneren Strebungen. Je weniger wir unsere »Gefährten« heranziehen, desto infantiler bleiben sie und richten in einem unbewachten Augenblick Unheil an. Odysseus hätte seinen Kameraden doch mehr zumuten sollen!

Nun hatte die Besitzgier über die geistige Ordnung und Mäßigung gesiegt. Das Unglück war geschehen und alle bisherigen Anstrengungen waren umsonst gewesen. Ein Mensch mag sich in solch verhängnisvoller Lage wirklich fragen, ob es nicht besser sei, sich umzubringen, als all diese Sinnlosigkeit weiter zu ertragen. Auch im Kopf und Herzen des Odysseus brausen die Stürme wild durcheinander. Endlich gewinnt er Gewalt über seine Verzweiflung und entschließt sich zum Durchhalten

> »und lag mit verhülltem Antlitz auf dem Verdeck...«.
> (Od X, 53/54)

Nachdem sich die Stürme gelegt haben, fahren die Schiffe weiter über das weite unberechenbare Meer. Dann landen sie an dem *fünften* Ufer ihrer Fahrt, bei den *Laistrygonen.* Die Schiffer erblicken eine durch Felsen natürlich befestigte Insel mit einem geschützten Naturhafen. Dort herrscht völlige Windstille, ein verlockendes Ziel für eine Flotte, die soeben den bedrohlichsten Stürmen entronnen ist! Alle Gefährten steuern ihre Schiffe in diesen bergenden Hafen. Nur Odysseus ist mißtrauisch. Er verzichtet auf den Schutz des Hafens und bindet sein Schiff außerhalb an einen Felsen. Den ausgesandten Kundschaftern enthüllt sich alsbald die schreckliche Wirklichkeit des »sicheren Hafens«: Man führt die drei Boten zu des

»Königs Weib, so groß wie ein Gipfel des Berges«
(Od X, 112/113)

Dort werden sie von berechtigtem Grauen erfaßt. Denn diese Königin ruft sofort ihren Gemahl und seine Mannschaften herbei, die sich mit großen Spießen auf Menschenjagd begeben. Die Schiffe im Hafen werden alle durch Felsbrocken vernichtet. Die Besatzung

»...durchstach man wie Fische und trug sie zum scheußlichen Fraß hin.«   (Od X, 124)

Unsere Märchen von menschfressenden Hexen und Riesen sind ein Kinderspiel im Vergleich mit dem, was in dem »friedlichen« Hafen der Laistrygonen geschieht. Das Matriarchat, gegen welches die Kämpfer vor Troja angetreten waren, hat die Gefährten des Odysseus fast sämtlich in das Garn seiner scheinbar beschützenden Arme gelockt und dort mit Hilfe seiner noch unreifen, rohen männlichen Trabanten verschlungen.

Nachdem der Versuch der Bändigung der ungezähmten männlichen Schattenwelt (Polyphem) und des Elementar-Geistes (Aiolos) mißglückt war, wird nun zum ersten Mal deutlicher sichtbar, welche Macht hinter einer noch unreifen Männlich-

5. Station
Die Laistrygonen

keit steht: Es ist die Gestalt der »Großen Mutter«, deren schützende, nährend gute Eigenschaften in ihr furchtbares, verschlingendes Gegenteil umschlagen, sobald sie die ihnen gemäße Zeit überdauern. Das ist im individuellen Leben eines heutigen Menschen nicht anders als im kulturgeschichtlichen Bereich. Zur Zeit des auflebenden männlichen Geistes der griechischen Kultur war die Welt der östlichen »Großen Göttin« am Untergehen.

Odysseus allein entkommt mit seiner Besatzung, weil er die Ungewißheit außerhalb des Hafens vorgezogen hatte.

> »Die anderen versanken dort all' in den Abgrund.« (Od X, 132)

Wer sind die »Laistrygonen«?

Die Odyssee (Od X, 81ff) beschreibt die »Feste der Laistrygonen bei Lamos' Stadt Telepylos«. Der Name der festen Stadt *Telepylos* bedeutet: Tor am Ende der Welt. Es kann ein Eingang zur Unterwelt sein. Dazu paßt auch die Schilderung von den Hirten, die sich auf dem Weg von und zu den »nicht weit entfernten Triften der Nacht und des Tages« begegnen. Die einen Hirten hüten die Sonnenrinder des Tages, die anderen die Mondschafe des Nachthimmels.[22]

Der Gründer der Stadt heißt Lamos. Er war ein Sohn des Meergottes Poseidon (wie Polyphem!) und sein Name klingt an die Lamia an, eine der Bezeichnungen für die Unterweltsgöttin Hekate. In Gestalt der Lamia raubt und frißt diese archaische Hexe kleine Kinder.[23] Die Lamia verkörpert einen negativen, tödlichen Aspekt des Weiblichen. Sie wird im zwölften Gesang der Odyssee außerdem als Mutter der verschlingenden Skylla genannt.

In diesem Bezirk, der der Unterwelt nahe ist, ist Odysseus bei den Laistrygonen gekommen.

Dazu paßt auch der Name des Königs Antiphates, der auf einen Widerspruchsgeist hinweist. Einer, der zu allem »Nein« sagt, ist im Grunde ein Widergeist der Schöpfung oder des geordneten Kosmos. In *Goethes* Faust I sagt Mephisto: »... denn alles, was entsteht, ist wert, daß es zugrunde geht«. Antiphates gehört, wie sein Bruder Polyphem, einem Riesengeschlecht an, einer vergangenen Generation, die alles Neue und also auch die ankommenden Achaier verschlingen möchte.

Dies alles weist darauf hin, daß es sich bei jenem Volk um Repräsentanten von Wesen handelt, die an der Grenze zwischen Menschen und archaischen Urmächten wohnen.

Es ist nun an der Zeit, auf die bisher durchlaufenen Stationen des Weges des Odysseus vom psychologischen Blickwinkel aus zurückzuschauen.

Rückschau auf die ersten fünf Stationen des Weges

Bei den *Kikonen* begegneten Odysseus und seine Mannschaft ihrer eigenen noch unerwachsenen und unkultivierten Männlichkeit. Zugleich aber ist dies auch ein Kollektiv-Schatten ihrer *und* unserer Zeit.

In primitiver Projektion wird jeder zum »Feind«, der anders, also für uns unverständlich spricht und handelt. So, wie es noch heute Bubenhorden (und nicht nur diese!) tun, wird der Andersartige verprügelt und beraubt. Dieses rüde Verhalten kennt jeder, es ist verhältnismäßig bewußtseinsnah. Dabei nehmen es weder die Mannen des Odysseus noch eine heutige Buben-Horde besonders tragisch, wenn die Angegriffenen sich wehren und zurückschlagen. Das ist nach allgemeiner Ansicht ihr gutes Recht, und es ist Sache des Glückes oder des Pechs, wer mehr Prügel einstecken muß. Fragwürdig wird die Sache allerdings dann, wenn die angeblich so »Erwachsenen« und fortschrittlichen Europäer des zwanzigsten Jahrhunderts noch genauso meinen, alle Andersartigen wie Geächtete behandeln zu dürfen, und wenn viele dieser »Erwachsenen« tatenlos oder

gar Beifall spendend zusehen, wie noch halbe Kinder wehrlose »Ausländer« wie Freiwild durch unsere Straßen jagen (was würden sie dazu sagen, wenn es ihnen im außereuropäischen Ausland genau so erginge?). Diese Einstellung ist die Gefahr jeder radikalen Ideologie, die erschreckend deutlich macht, wie die unreife Stufe der »Kikonen-Jäger« latent in jedem »erwachsenen« Mann noch gegenwärtig sein kann.

Mehr oder weniger verdeckt projizieren wir alles, was wir nicht leiden können, auf irgendwelche »Schwarzen Schafe«. Das mögen Gastarbeiter, politisch, ideologisch, wissenschaftlich oder religiös Andersdenkende oder Angehörige fremder Rassen sein. Das Schlimmste daran aber ist, daß nicht wenige der »Zuschauer« solcher Szenen ihre eigenen primitiven Impulse an Jugendliche delegieren, die sich zu Gewalttätigkeiten mißbrauchen lassen, weil sie im Grunde noch nicht wissen, was sie tun. Die Beispiele ließen sich auf die Grausamkeiten vieler heutiger Kriegsschauplätze erweitern, denn in der Masse der Soldateska wird fast jeder Mann zum Primitivling.

Viele mehr oder weniger abgestumpfte Betrachter sehen diesen Ereignissen täglich vor dem Fernsehschirm zu, um danach scheinbar zufrieden ins Bett zu gehen. Falls sie nach solcher abendlichen Berieselung nur unruhig oder nicht schlafen können, so spricht das noch für die seelische Wachheit und differenzierte Urteilsfähigkeit dieser Menschen! Wir haben keinen Anlaß, zu behaupten, daß »so etwas bei uns nicht vorkäme«. Es ist höchste Zeit, daraus die unser Selbstwertgefühl beschämenden Konsequenzen zu ziehen.

Da die Gefährten des Odysseus und ihre heutigen Vertreter aber nicht bereit sind, auf ihre eigenen Schattenprobleme hinzuschauen, sondern diese lieber auf die »böse Umwelt« projizieren, verfallen sie denen, die alles »vergessen« und verdrängen, indem sie sich durch orale Ersatzmittel zu befriedigen suchen. Bei den *Lotophagen,* den anscheinend so reizenden Blumenkindern sieht das noch harmlos aus. Man glaubt, daß man

durch übermäßigen Nikotingebrauch, durch »ein bißchen Alkohol« oder durch Meskalin weder sich selber noch andere Menschen schädigt. Doch steckt bereits hinter dieser freundlich wirkenden oralen Gier eine verdeckte Aggression, deren zerstörerische Komponente vor allem im Lande der Laistrygonen noch deutlicher wird.

Zunächst erscheint auf dem Weg des Odysseus nach der Konfrontation mit dem männlichen Schattenanteil bei den Kikonen der Versuch verständlich, sich durch seliges Vergessen zu retten. Wer aber in der Sucht, in der Droge des Vergessens hängenbleibt, wird niemals erwachsen. Solche Süchte nehmen außer den schon genannten Formen noch weitere Gestalt an. Auch die abgespaltene Sexualität ist oft ein Ausdruck gieriger Freßsucht und hat mit wirklicher Beziehung nichts mehr zu tun. Stets handelt es sich dabei um orale und unverarbeitete symbiotische Wünsche.

Nur mit Mühe reißt der Bewußtseinsträger der Gruppe, Odysseus, seine Genossen aus der süßen Illusion der scheinbaren Problemlosigkeit heraus und zwingt sie zur Weiterfahrt.

Nach der erzwungenen Befreiung aus dem Paradies der problemfreien Verschmelzung mit allem ausschließlich Angenehmen landet die Mannschaft in völliger Finsternis auf der Insel der *Kyklopen*. Das menschliche Bewußtsein erklimmt neues, noch unbekanntes Land. Das verursacht Angst und Neugierde zugleich.

Wie wird der Mensch, wie wird sein winziges Bewußtsein diesen Urmächten der Natur gewachsen sein? Was ereignet sich, wenn er, zumindest in seiner Phantasie, seine eigenen Kyklopenkräfte entdeckt? Wenn ein Mensch, zum Beispiel weil er antiautoritär erzogen wurde, nicht gelernt hat, diese Kräfte zu steuern und Grenzen anzuerkennen, so neigt er dazu, seine Umgebung real oder in übertragener Weise zu tyrannisieren, wenn ihm etwas nicht paßt. Dann läuft er selber Gefahr, durch

50

diese Mächte verschlungen zu werden. Er ist unfähig, innere und äußere Beschränkungen zu akzeptieren.

Naturmächte sind zunächst weder gut noch böse. Das zeigt die sorgfältige, liebevolle Art, in welcher der Riese mit seinen Tieren umgeht. Erst wenn jene ungesteuerte Kraft mit dem menschlichen Bewußtsein und dessen ethischen und sozialen Werten in Berührung tritt, kann sie gefährlich werden. Denn sie ist von Natur aus asozial und wehrt sich dagegen, gezähmt und kultiviert zu werden.

Der Kyklop Polyphem, dessen Namen man mit »Großsprecher« oder »Großmaul« übersetzen kann, tut mit den Menschlein, die in seine Höhle eindringen, was er will. Aber Odysseus hat die Begegnung mit der archaisch-undifferenzierten Männlichkeit nötig. Er *muß* diese Eigenschaften als zu sich selber gehörig ins Bewußtsein lassen und, sie erlebend, davor erschrekken. Wenn er den »Kyklopen« in sich selber nie kennenlernt, dann vermag er auch später sein »bellendes Herz« nicht zu bezähmen und die Gefahren und Stationen seines weiteren Weges nicht zu bestehen.

Wenn er dem Kyklopen nicht seinen Tribut in Gestalt der sechs »Gefährten« gebracht hätte, wäre ihm vielleicht der rettende, listige Einfall zur Befreiung aus der Höhle nicht gekommen. So aber schläfert er den Unhold (in sich selber) zunächst einmal ein, er macht ihn müde. Der Götterwein mundet dem Größensüchtigen vortrefflich. Indem der Unhold sich in seinen Phantasien wiegt, wird er verletztbar. Odysseus nimmt ihm sein einziges Auge. Das Stirnauge des Kylopen nimmt die Welt noch *ein*deutig und *ein*dimensional wahr. Dieses Auge wird mit Hilfe eines männlich zielenden Spießes ausgestochen und durch die Glut des Feuers noch vollends zerstört.

Da dieser Spieß aus der Keule des Polyphem gefertigt wurde, kann man sagen, der Riese werde mit seiner eigenen Waffe besiegt. Weil diese Waffe aber aus dem Holz des der Athena heiligen

Olivenbaumes besteht, kann man auch vermuten, daß die Göttin bei dieser Tat des Odysseus insgeheim mit im Spiele war.

Von nun an wird der Mensch, wird Odysseus, die Welt mit *zwei* Augen und in ihrer zwiespältigen Doppelsicht wahrnehmen. Er wird hier sichtbar zum *Zweifler.* Von nun an wird Gutes nicht mehr allein und zu jeder Zeit gut sein, sondern zur Unzeit kann das beste und edelste Gut in sein Gegenteil umschlagen. Für einen Säugling ist die ihn stets umhegende Mutterliebe sein höchstes und lebensnotwendigstes Gut, wie für Polyphem die Höhle seiner Erdmutter Gê. Für einen Pubertierenden wäre die gleiche »bergende« mütterliche Haltung Gift. Ebenso kann eine an sich schmerzhafte und schädliche Krankheit für einen Menschen unter Umständen eine unersetzbare Hilfe für seine seelische Reifung bedeuten. Der beste Arzt ist oft der, der selber Leiden auszuhalten lernte.

Diese Beispiele sollen lediglich zeigen, wie jedes Gute sein Gegenteil keimhaft in sich enthält, und umgekehrt. Das ist mit der zweidimensionalen Sicht der Dinge gemeint, zu welcher der Mensch erst nach seiner Vertreibung aus dem Paradies fähig wird, wenn er des Zwiespaltes in sich und in der Welt inne wird. Daß Odysseus mit »seinem« Polyphem noch nicht besonders gut umzugehen vermag, zeigt sein Abschied von der Insel: Nachdem er den Riesen überlistet und geblendet hatte, verhöhnte er ihn noch zusätzlich, als er mit seinen übrig gebliebenen Gefährten in See stach. Der Kyklop schleuderte riesige Felsbrocken hinter dem Schiff her, die es beinahe zertrümmert oder an die Insel zurückgeworfen hätten. Außerdem rief Polyphem seinen Vater Poseidon an, er möge ihn an Odysseus rächen. – So wird die Macht, die »Poseidon« heißt, dem Odysseus auf seiner weiteren Lebensfahrt noch oft zu schaffen machen. Wir wollen hier auch zur Kenntnis nehmen, daß sowohl Odysseus als auch Poseidon »der Zürnende« genannt werden. Und Poseidon ist der Gegenspieler des den männlichen Geist verkörpernden Zeus. Damit steht er im Dienst der Großen Mutter.

In ähnlicher Weise, wie man die Kyklopen als Repräsentanten ungesteuerter »Erdbeben« und »Vulkanausbrüche« sehen kann, verkörpert der Gott der Winde, *Aiolos,* ein anderes Element. Auch den Naturgewalten der Stürme ist ein Mensch oft hilflos ausgeliefert. Sie nehmen ihm sein Stehvermögen, den Schutz seines Hauses auf der Erde und sein Schiff auf dem Meer. Aber Luft und Winde sind auch Ausdruck des Geistes, der eben weht, wo er will, und nicht im voraus berechenbar ist. Dennoch könnte gegenüber den Gewalten des Polyphem die Gewalt des Geistes als Hilfe wirksam werden. Allerdings gelten für den begrenzten menschlichen Geist andere Gesetze als für einen Elementargeist. Die Mißachtung dieser Gesetze treibt den Menschen leicht in die Psychose.

(Der geniale Friedrich Nietzsche und das, was seine Phantasien um die »blonde Bestie« in der Folgezeit angerichtet haben, mögen ein Beispiel für das sein, was hier gemeint ist.)

Die schwimmende Insel des Aiolos erweist sich zunächst als sehr schwer zugänglich. Der Gott der Winde wird selber bei der Überwindung seiner schroffen Mauern geholfen haben, sonst hätten es die Menschen mit ihrem noch schwach entwickelten Bewußtsein nicht geschafft, seine geistigen Höhen zu erklimmen. Es folgt die Zeit der unauffälligen Schulung bei Aiolos, mit deren Inhalten zumindest die Gefährten des Odysseus überfordert sind.

Was mit dieser Schulung gemeint ist, wird in dem Bild des Bruder-Schwester-Inzests deutlich. Dies ist ein Symbol für die Vereinigung der männlich-weiblichen Gegensätze: Der heftig brausende männliche Geist wird durch die tiefer verwurzelte weibliche Wesensart gebändigt und damit zu einer gültigen irdischen Form befähigt, die in der Alchemie der »Stein der Weisen« heißt. Genauer besagt die »Lehre des Aiolos« also, daß der neu erwachte männliche Geist nur dann positiv schöpferisch wirken kann, wenn er erstens seine »Gegenwinde« (also seine hundertfältigen und ungesteuert wirbelnden Einfälle) in Grenzen zu

halten und zur gegebenen Zeit unter Verschluß zu nehmen lernt und zweitens bereit ist, sich in einer echten Beziehung mit dem weiblichen Geist »binden« zu lassen. Dieser weibliche Geist sorgt für »Verbindlichkeit«, also Verantwortlichkeit im weitesten Sinne des Wortes. Echte Verbindlichkeit ist nur im Rahmen einer liebenden Zuwendung möglich, und zwar zu Menschen, zur Natur und auch in sachlichen Bereichen. Überall, wo schöpferischer Geist wirkt, ist die weibliche Kraft des Eros mit im Spiel. Doch herrscht bei Aiolos und seinen Kindern noch die archaisch-paradiesische Inzeststufe, die Odysseus so nicht übernehmen kann. Odysseus wird das Geschenk der gebändigten Winde mit auf den Weg gegeben. Er hat vielleicht als einziger den Sinn der Lehre begriffen: daß ein Mensch, der ein wichtiges Ziel verfolgt, seine anderen Impulse unter Verschluß nehmen muß. Mühsam hält er sich neun Tage und Nächte am Steuer seines Schiffes wach.

Aber nun, als das Ziel seiner Reise in Sicht ist, übermannt ihn die Müdigkeit, und er schläft ein. Sein Schiff wird von den Winden, welche die ahnungslosen »Gefährten« achtlos entbunden hatten, hilflos hin und her gewirbelt. Er hat sein Ziel verloren. *Seine* »Kinder« sind nicht mehr im »Inzest« gebunden, er muß neue Wege suchen.

Deshalb wird Odysseus, als er schließlich zur Insel des Aiolos zurückgeworfen wird, vom Windgeist ähnlich unwillig zurückgewiesen wie Faust in *Goethes* Dichtung durch den Erdgeist: »Du gleichst dem Geist, den du begreifst, nicht mir!«[24] Odysseus muß es sich gefallen lassen, vom Windgeist gründlich durchgeschüttelt zu werden; das scheint die Voraussetzung für den nächsten Bewußtseinsschritt zu sein, ohne den er die Gefahr der Laistrygonen nicht bestehen könnte.

Er wird mit dem Windgott nie wieder zu Tische sitzen, sondern er wird von dieser elementaren Gewalt des Geistes in seine menschlichen Grenzen verwiesen. Ähnlich mag es Hiob ergangen sein, als ihm Jahwe im Gewitter begegnete und ihn fragte,

ob *er* dabei gewesen sei, als Chaos und Kosmos miteinander kämpften. Hiob erkennt dabei sein menschliches Maß gegenüber der unbegrenzten Größe Gottes.

In der Begegnung mit den *Laistrygonen* erhalten Odysseus und seine Gefährten einen neuen und unerbittlichen Anschauungsunterricht über die Folgen der bisher ungenügend bewältigten Stationen bei Polyphem und Aiolos. Odysseus hatte sich an Polyphem durch seine unritterliche Behandlung des Besiegten versündigt. So waren seine eigenen »großmäuligen« Wesensanteile nicht wirklich integriert worden.

Nun, bei den Laistrygonen, wächst sich eine zunächst diffuse und nicht eigentlich böse gemeinte, undifferenziert-männliche Aggression (Polyphem) zur gezielten Destruktion aus. Der König Antiphates ist Ausdruck davon. In ihm und seinen Genossen begegnet Odysseus außerdem die bisher noch nicht wahrgenommene Schattenseite der freundlichen Lotophagen, deren orale Aggression im Verborgenen blieb. Hier, bei den Laistrygonen, tritt sie offen zutage. Antiphates und die Seinen sind unverhohlen darauf aus, ihre Gegner in einer schwachen Position anzugreifen, mit scheinbarer Überlegenheit »aufzuspießen« und zu »liquidieren«, indem sie sie auffressen. Antiphates ist einer, der aus Prinzip »dagegen« spricht, ohne eine wirklich begründete eigene Meinung zu haben. Die »Meinung«, die im Hintergrund dieser Männer thront, ist »so groß wie die Spitze eines Berges«. Jene Männer stehen noch unter dem Diktat eines vergehenden und darum negativ gewordenen Matriarchats. Sie werden beschrieben als

»Männern nicht gleichend, sondern Giganten.«   (Od X, 98)

Damit ist gesagt, daß sie einem Geschlecht vergangener Zeiten angehören, dessen Sitten für den heute Lebenden nicht mehr gelten.

Man könnte die Laistrygonen auch als negative Animusgestalten der »Großen Göttin« bezeichnen. Ursprünglich hatten die Trabanten dieser weiblichen Herrscherin eine positiv schöpferische Funktion (z. B. als Kunsthandwerker und Schmiede). In ihrer negativen Ausformung aber erinnern sie an die unangenehme »Animusbesessenheit« mancher Frauen. Undifferenzierte Männlichkeit und negativer weiblicher Animus sehen sich oft zum Verwechseln ähnlich! Die »Laistrygonen« der Odyssee sind Symbole einer Männlichkeit, die noch nicht aus der Herrschaft der »Mutter« entlassen ist.

Odysseus allein erliegt mit seinen nächsten Gefährten nicht der Verlockung der Sicherheit in den Armen des urmütterlichen »Hafens«. Für diejenigen der Mannschaft, die der Versuchung nicht zu widerstehen vermochten, siegte die Verheißung, daß man hier mühelos eine freundliche Gastlichkeit genießen könne, deren »Konsumgüter« einem ohne Gegenleistung zur Verfügung stehen. Aber die Auswirkungen dieses Irrtums wird den Vertretern dieser Haltung erbarmungslos demonstriert, als sie selber »aufgefressen« werden von den Laistrygonen, den Repräsentanten jener infantilen Lebenseinstellung. – Odysseus, der Vertreter des Bewußtseins, jedoch, nimmt wachen Auges wahr, was hier geschieht, und er distanziert sich davon, indem er sein außerhalb des Hafens festgemachte Schiff schleunigst losbindet und abfährt. Denn diese Distanzierung ist die Voraussetzung dafür, daß er die weiteren Stationen seiner Irrfahrt bestehen kann.

IV. Der Reise zweiter Teil

(Die Auseinandersetzung mit dem Archetypus des Weiblichen in seinen zunächst negativen Aspekten und die Wandlung von der archaischen zur persönlichen Beziehung der Geschlechter.)

6. Station
Kirke

Mit der sechsten Station nähert Odysseus sich der Mitte der Reise. Hier beginnt eine neue Dimension, welche zunächst einmal dadurch deutlich wird, daß Odysseus nur noch mit *einem* Schiff dort landet. Es ist die Insel *Aia*, das Herrschaftsgebiet der Nymphe *Kirke*. Aia ist identisch mit Kolchis, dem Land, in welches der Sonnenwidder mit Helle und Phrixos geflohen war.[25] Kolchis liegt am Schwarzen Meer im Land der Barbaren, am äußersten Ende der östlichen Welt. Von dort beginnt die Sonne nach ihrer Nachtmeerfahrt den Weg über den Himmel ins Land der griechischen Kultur. *Karl Kerényi* schildert in seinem Buch über die Heroen der Griechen,[26] wie dort, in Kolchis, die Sonne abends in die Unterwelt versinkt, um sich auszuruhen. Am Morgen geht sie auch dort wieder auf. Abend und Morgen, Osten und Westen scheinen im Land der Kirke ungeschieden zu sein. Das ist ihre Umwelt. (Ob hier und dort am »Ende der Welt, 's'ist Einerlei«, wie bei Fausts Weg in das Reich der »Mütter«.[27])

Kerényi berichtet weiter, daß die Insel Aia nach dem Bruder der Zauberin Kirke, nach Aites benannt wird, dessen Name an den finsteren Hades (Aides) anklingt oder mit ihm identisch ist. Dieser ist gleichzeitig der Hüter des goldenen Vlieses des Sonnenwidders.

> »Beide stammten vom Gott der menschenerfreuenden Sonne;
> Ihre Mutter war Pérse, des großen Okeanos Tochter.«
>
> (Od X, 138/139)

Kirke ist also, wie ihr Bruder Aites, ein Kind des Sonnengottes Helios. Pérse wiederum, dieser beiden Mutter, stammt von dem die Erde umströmenden und in der Unterwelt entspringenden Urgewässer, des Okeanos; und des Okeanos Eltern sind die Erdmutter Gaia und der bestirnte Himmel, Uranos. Nach dieser Schilderung der »Verwandtschaften« stammt, in recht verwickelter Weise, sowohl der Unterweltsgott wie auch das Schicksalwebende Weibliche (Kirke) über das Sonnen-Bewußtsein (Helios) vom tiefsten Urgrund der Welt ab, aus welchem es auf-

tauchte. Und wir können hinzufügen, daß nichts das bewußte Denken des Menschen so nachhaltig zum Aufwachen und in Bewegung bringt, als die Begegnung mit den unbegreiflichen Schicksalsmächten und mit dem Tod.

So wird die Insel der Kirke als ein Ort der zunächst noch unentmischten Gegensätze gekennzeichnet, denn sie hat Anteil sowohl an den »erleuchtenden« Eigenschaften des Bewußtsein stiftenden Sonnengottes, wie an den verschlingenden Eigenschaften des Herrschers im Reiche der Toten und der Unbewußtheit im Reiche des Hades.

Da ist es verständlich, daß bei der Landung auf dieser Insel am »Ende der Welt« eine bedenkliche Orientierungslosigkeit über Zeit und Raum herrscht. Man hat einen Grenzbezirk erreicht, in welchem sich Menschen kaum noch zurechtfinden können. So heißt es denn auch in der Schilderung der Odyssee:

> »Wir wissen nicht, wo Abend oder wo Morgen,
> Nicht, wo die leuchtende Sonne unter die Erde herabsinkt,
> Noch, wo sie wiederkehrt…« (Od X, 190–192), »Ist noch irgend
> ein Rat? Ich sehe keinen mehr übrig.« (Od X, 193/194)

Odysseus ist zum *Zweifler* geworden. Früher überlegte und entschied er eindeutig.

Jetzt

> »erschien mir Zweifelndem…«   (Od X, 153)

dieser oder jener Gedanke noch sinnvoll. – Das Kyklopenauge der eindimensionalen Sicht ist endgültig überwunden. Odysseus sieht zwiegesichtig, mit *zwei* Augen; zwar zweifelnd, aber auch vollständiger als zuvor.

Das Schiff fährt in die schirmende Bucht dieser Insel ein. Alle sind von dem bisher Erlittenen völlig entkräftet und verspüren nur noch ein dringendes Bedürfnis nach Ruhe. Es ist wieder so

wie bei der Insel des Polyphem: Auch auf der Insel der Kirke ist es »finster«, der neue Bewußtseinsabschnitt verursacht Angst. Bevor er erkundet werden kann, versinken die Menschen in die Regression des Schlafes, um Kräfte zu sammeln.

Zwei Tage und zwei Nächte kommt niemand auf den Gedanken, die Insel erforschen zu wollen. – Erst am dritten Tag ersteigt Odysseus allein einen Hügel, um sich eine Übersicht zu verschaffen und festzustellen, ob hier Menschen wohnen, oder ob man wieder in den Bereich irgendwelcher Unholde geraten ist, die das Gastrecht der Götter nicht achten. Hinter dickem Gebüsch erspäht er den Rauch, welcher aus Kirkes Behausung aufsteigt.

> »Jetzo sann ich umher und erwog den *wankenden* Vorsatz«
> (Od X, 151)

und

> »Dieser Gedanke erschien mir *Zweifelndem* endlich der beste...«
> (Od X, 153)

Zunächst ist ihm klar, daß seine Genossen einer Stärkung bedürfen. Sogleich springt ihm ein riesiger Hirsch über den Weg, der uns an den Bereich der Großen Göttin Artemis erinnern mag. Ihn erlegt Odysseus und bringt ihn zum Schiff. Wieder vergeht ein Tag, bevor er den Gefährten seinen Vorsatz mitteilt: Sie sollen sich in zwei Gruppen aufteilen. Die eine Hälfte bleibt beim Schiff, die andere soll erkunden, was es mit dem Rauch aus dem Gebüsch auf sich hat. Man sichert von vornherein, daß eine Hälfte übrigbleibt, falls der anderen etwas zustoßen sollte. Das Los entscheidet, daß zweiundzwanzig Mitglieder der Mannschaft unter der Führung eines Verwandten des Odysseus, Eurylochos, die Expedition übernehmen. Eurylochos erscheint für diese Aufgabe besonders geeignet, weil sein Name auf die Qualität eines »guten Beobachters« hinweist.[28] Odysseus bleibt bei den übrigen zurück.

Der Stoßtrupp nähert sich dem Bezirk der Kirke, von der niemand so recht weiß, ob sie eine Göttin oder eine Zauberin ist. Sie bewohnt keine primitive Höhle wie der Kyklop, sondern eine Wohnung »von gehauenen Steinen« (Od X, 211), sie gehört also einer differenzierteren Ebene an als jener. Ihren Bereich

>»Umwandelten rings Bergwölfe und mähnige Löwen,
Durch die verderblichen Säfte der mächtigen Kirke bezaubert.
Diese sprangen nicht wild auf die Männer, sondern sie stiegen
Schmeichelnd an ihnen empor mit langen wedelnden Schwänzen.«
(Od X, 212–215)

Von vielen archaischen Bildern kennen wir die Gestalt einer »Herrin der Tiere«, einer ungenannten »Großen Göttin«, an der wilde Tiere sich gezähmt aufrichten.

Aus dem Hause vernehmen die Männer »anmutige Melodien«.

>»Singend webte Kirke den großen unsterblichen Teppich...«
(Od X, 221/222)

und wir fragen uns, welches Schicksalsgewebe unter ihren Händen entstehen mag.

Aus der Beschreibung vor allem der *Löwen* wird erkennbar, daß es sich um männliche Gestalten handelt, welche dem sprichwörtlichen Zauber der Kirke nicht zu entgehen vermochten. Aber diese Raubtiere in der Umgebung der göttlichen Frau benehmen sich nicht wild und reißend, sondern irgendwie gebändigt. Freundlich und schwanzwedelnd richten sie sich am Menschen auf, vielleicht in dem Bestreben, der aufrechten Dimension wieder teilhaftig zu werden.

Auf die Rufe der Ankömmlinge öffnet Kirke

>»... schnell die strahlende Pforte,
Nötigte sie, und alle die Unbesonnenen folgten.« (OdX, 230/231)

Abb. 8:
Die Herrin der Tiere und der Jünglinge

Nur Eurylochos traut dem Frieden nicht. Das übrige männliche Kollektiv läßt sich besinnungslos in den Bezirk der mächtigen Frauengestalt einfangen. Man läßt sich füttern, man genießt

>geriebenen Käse mit Mehl und gelblichen Honig,
vermischt mit Wein und betörenden Säften,
… damit sie der Heimat gänzlich vergäßen«.   (Od X, 234–236)

Wir werden hier nochmals an die Versuchung durch die Lotophagen erinnert. Aber die Speise der Kirke bewirkt noch mehr als seliges Vergessen. Die Männer verlieren ihre menschliche Gestalt und benehmen sich offenbar wie die Säue (»uns ist so kannibalisch wohl, als wie fünfhundert Säuen!«, so sagt es *Goethe* in seinem Faust I in Auerbachs Keller).

>Da rührte Kirke sie mit der Rute und sperrte sie dann in die Köfen,
Denn sie hatten von Schweinen die Köpfe, Stimmen und Leiber,
Auch die Borsten; allein ihr Verstand blieb völlig wie vormals.«
(Od X, 237–240)

Durch die Berührung Kirkes geht also nicht nur eine verhängnisvolle Verwandlung ins Tierische vor sich, sondern gleichzeitig nehmen die Unglücklichen wahr, *daß* es so ist. Zunächst bleiben sie in ihrem Zustand gefangen. Nur der entsetzte Eurylochos vermag zum Schiff zurückzuflüchten. Lange bringt er kein Wort heraus über das, was er da als *auch* menschliche Möglichkeit erkannt hat. Endlich stottert er alles heraus und bittet Odysseus flehentlich:

>… laß uns geschwind mit diesen (den übriggebliebenen) fliehen.«
(Od X, 268)

Eurylochos steht wie unter einem Schock. Die Flucht nach rückwärts erscheint ihm als einzige Rettung. Als Odysseus ihm befiehlt, ihn zu Kirkes Wohnung zu führen, weigert sich sein Vetter. Odysseus aber ergreift seine Waffen und macht sich alleine auf den Weg,

»denn ich fühle die Not, die mich hintreibt.«   (Od X, 273)

Odysseus kann seine Kameraden, kann seine eigenen »Glieder« nicht im Elend verkommen lassen. Er spürt, daß er sich um das kümmern muß, was da als neue Möglichkeit in seinen Erfahrungsbereich gerückt ist. Das männliche Kollektiv war ohne persönliche Verantwortung in das gefährliche Netz einer unpersönlichen »Großen Göttin« geraten, die Mutter, Schwester oder Geliebte heißen mag, das ist auf dieser undifferenzierten Stufe noch einerlei. Freudig waren die Gefährten durch die weit geöffneten Tore des weiblichen Paradieses gerannt und hatten dabei ihre menschliche Gestalt verloren. Die Folgen der Berührung mit der Sucht bei den Lotophagen zeigen sich auch in der Begegnung mit Kirke erschreckend deutlich. Denn wieder waren die »Gefährten« kritiklos auf das zugelaufen, was ihnen im Augenblick am angenehmsten war, ohne die Folgen zu bedenken.

Odysseus aber geht alleine. Er nimmt Schwert, Bogen und Pfeile mit sich. Sicher geht er recht nachdenklich, recht zweifelnden Herzens in den gefährlichen Hain, keineswegs siegessicher. Und wie er so in seiner Einsamkeit den unbekannten Weg wandert, begegnet ihm eine männliche Erleuchtung in der Gestalt des Gottes Hermes. Hermes spricht zu Odysseus:

> »Alle verderblichen Künste der Zauberin will ich dir nennen:
> Weinmus rührt sie dir ein und mischt ihr Gift in die Speise.
> Dennoch gelingt es ihr nicht, dich umzuschaffen; die Tugend
> Dieser heilsamen Pflanze verhindert sie. Höre nun weiter.
> Wenn dich Kirke darauf mit der langen Rute berühret,
> Siehe, dann reiße du schnell das geschliffene Schwert von der Hüfte,
> Spring auf die Zauberin los und drohe sie gleich zu erwürgen.
> Diese wird in der Angst zu ihrem Lager dich rufen,
> Und nun weigre dich nicht, und besteige das Lager der Göttin,
> Daß sie deine Gefährten erlös' und dich selber bewirte.
> Aber sie schwöre zuvor der Seligen großen Eidschwur,
> Daß sie bei sich nichts anders zu deinem Schaden beschlossen,
> Daß sie dir Waffenlosem nicht raube Tugend und Stärke!«

(Od X, 289–301)

Hermes entreißt darauf dem Erdboden eine tiefwurzelnde Pflanze:

>»Sterblichen Menschen ist sie nur schwer zu graben…
Ihre Wurzel war schwarz und milchweiß blühte die Blume.«
(Od X, 304–305)

Diese Pflanze heißt *Moly*. Sie scheint das Geheimnis der Polarität in sich zu bergen (schwarz-weiß, Leben-Tod und Tiefe-Höhe). Wer sie besitzt, fällt dem Zauber der übermächtigen, göttlich erscheinenden Weiblichkeit nicht zum Opfer. Dies ist alles, was wir über die Pflanze erfahren. Archäologen und Botaniker haben sich bisher vergeblich die Köpfe über ihre Identität zerbrochen.

Hugo Rahner[29] schreibt über die Moly: »Der Mensch ist beides: Wurzel und Blüte. Er steht immerdar zwischen Helios und Chthon, zwischen Hermes und Kirke … Sein Lichtes ist nie ohne die Säfte aus der Dunkelheit.«

Die Pflanze Moly scheint der Schlüssel zu einer unzerstörbaren Ganzheit zu sein.

Hermes, der Kenner der Grenzen und Vertreter des wachen menschlichen Verstandes, riet dem Odysseus noch weiter: Benütze dein Schwert! Sei nicht zimperlich, scharfe Grenzen aufzuzeigen. Erkenne selber die unüberwindbare Grenze zwischen männlichem und weiblichem Wesen – und tue auch der übermächtigen Frau unzweideutig kund, daß sie dich nicht einfach einfangen und besitzen kann! Laß sie der »Seligen großen Eidschwur« leisten, daß sie dir, wenn du die Waffen aus der Hand legst, nicht deine männliche »Tugend und Stärke« raube, deine männliche Identität und deine männliche Kraft. Denn, so könnte man hinzufügen, sonst wird es dir gehen wie Oidipus, der nicht wußte, was er tat, als er seine Mutter ehelichte. Der »Große Eidschwur der Seligen« wird von den Olympiern auf die stygischen Gewässer geleistet, die Wasser der Unterwelt. Er garan-

tiert eine unbedingte Bindung zwischen oberer und unterer Dimension, einer Polarität, von deren Existenz menschlicher und göttlicher Bestand abhängen. Unter dieser Bedingung, daß die Grundgesetze der Schöpfung und die Grenzen alles Geschaffenen garantiert bleiben, ist es nicht nur möglich, sondern sogar notwendig, die Coniunctio zu vollziehen, die Heilige Hochzeit, die zu neuem Leben befruchtet. Dies ist nicht nur für Odysseus, sondern auch für Kirke wichtig. Denn in der *Unterscheidung* der Geschlechter wird die kollektive Ebene verlassen und die Differenzierung zur individuellen und erwachsenen Persönlichkeit ermöglicht. Kirke ist davon ebenso betroffen wie Odysseus, dessen Ankunft ihr Hermes vorausgesagt hatte.

Verwundert stellt sie fest:

> »Du trägst ein unbezwingliches Herz in dem Busen!
> Bist du jener Odysseus ...?«   (Od X, 329/330)

Kirke selber wird mit dem Schwert zum Menschlichen gezwungen. Damit ist gesagt, daß sie aus dem Bereich der noch ganz unbewußten Anima heraustritt, die ihre Wurzeln bei der Großen Mutter hat. Sie nähert sich nun einem persönlichen und das Bewußtsein berührenden Bereich. Von da an können die in »neunjährige Eber«[30] Verwandelten wieder zu menschlichen Gefährten des Odysseus werden.

Was der menschliche Geist vollzieht, das ergreift mit der Zeit auch alle seine Glieder. Im Text der Odyssee erfahren wir sogar von einer Veredlung und Verjüngung der Zurückverwandelten:

> »Männer wurden sie schnell und jüngere Männer denn vormals
> Auch weit schöner an Bildung und weit erhabneren Wuchses.«
> (Od X, 395–396)

Die übrigen Gefährten werden nun vom Schiff in das Haus der Kirke gerufen, von denen nur der noch vor Furcht zitternde Eurylochos mit dem Schwert gezwungen werden muß. Alle bleiben, bis

>nun endlich das Jahr von den kreisenden Horen erfüllt ward.«
(Od X, 469)

Dann ist die Zeit zur Abreise reif. Die Gefährten drängen, und Odysseus bittet Kirke um seine Entlassung, die ihm gewährt wird. Allerdings macht die Göttin eine Auflage, welche vor der endgültigen Entlassung erfüllt werden muß: Odysseus soll in den Hades hinabsteigen.

>Als sie (die Freunde) dieses vernommen, da brach ihr Herz vor Betrübnis;
Jammernd setzten sie sich in den Staub und rauften ihr Haupthaar,
Aber sie konnten ja nichts mit ihrer Klage gewinnen.«
(Od X, 566–568)

7. Station
Der Hades

Odysseus bricht mit seiner Mannschaft auf. Kirke gibt ihm genaue Anweisung, wie man sich an der Grenze des Hades zu verhalten hat. Sie legt zum Abschied ein feierliches Silbergewand an, welches auf ihre Beziehung zum Mond, dem Gestirn alles Weiblichen hinweist.

Von Kirke erfährt Odysseus Genaues über die Sühneopfer, welche den Toten darzubringen sind (Od X, 517–534). Diese Opfer bestehen aus Honig und Milch, aus süßem Wein und zuletzt aus mit weißem Mehl bestreutem Wasser. Die wichtigsten Opfer aber sind ein

>Bock und ein Schaf von ungezeichneter Schwärze«, (Od X, 527)

deren Häupter der Unterwelt zugewandt sein müssen, während der Opferer sein Gesicht abwenden soll. Die Unterwelt braucht ihr Opfer. Wer ihr unvorbereitet und ungeschützt entgegensähe, würde ihr selber rettungslos verfallen.

Zur Unterwelt gelangt man nur, *ohne* etwas Bestimmtes zu wollen und ohne Steuer.

> »Kümmre dich nicht so sehr um einen Führer des Schiffes…
> … sitz ruhig, indes der Hauch des Nordes dich hintreibt«,
>
> (Od X, 505–507)

so lautet die Anweisung der Kirke.

Im Hades angekommen, nimmt Odysseus Abschied von seiner Mutter und begegnet einem Alten Weisen, dem Thebanischen Seher Teiresias, der ihm Richtlinien für seinen weiteren Weg gibt.

Teiresias taucht aus der Welt der Unterweltgöttin Persephone auf, und er erhielt von ihr die Erlaubnis und Befähigung, auch »im Tode selber Erkenntnis« zu haben und auszusprechen (Od X, 494). Er ist also einer, der über das Wissen der Unterwelt *und* der Oberwelt verfügt. Er vermag zu zeigen, wie Unbewußtes und Bewußtsein sich zur Weisheit verbinden.

Nun ist es notwendig, dem Teiresias Blut von Opfertieren zuzuführen, damit er sprechen kann. Mit grauenvollem Geschrei nahen sich die Schatten der Toten. Odysseus muß sie mit dem Schwert abwehren, denn sie alle drängen in menschliche Gestalt und zur menschlichen Sprache zurück. Da Teiresias zuerst sprechen soll, trifft es Odysseus besonders schmerzlich, daß er den heranschwebenden Schatten seiner Mutter Antikleia zunächst zurückweisen muß.

Endlich aber ist Teiresias herbeigekommen und durch das Opferblut zum Sprechen befähigt. Er nennt die Bedingungen, unter welchen Odysseus mitsamt seinen Gefährten die Heimat erreichen kann, nämlich, wenn sie trotz heftigen Hungers darauf verzichten, sich ihre Lebensnahrung aus den Herden des Sonnengottes Helios auf der Insel Thrinakia zu holen. Das heißt, daß sie nicht berechtigt (und auch unfähig) sind, sich der Repräsentanten der Stunden des Tages (der »Rinder«) und der Nacht (der Sternen-Stunden in Gestalt der »Schafe«) zu bedienen, um auf diese Weise auf Kosten der Weltenzeit über ihre persönliche Lebenszeit zu verfügen.

Fast aber enthält die Anweisung des Teiresias schon das Versagen der unreifen »Gefährten« in sich. Teiresias sagt weiter, nur Odysseus alleine werde dem Untergang entrinnen und danach elend und auf fremden Schiffen heimkehren – »und Elend finden im Hause«. Aber nicht genug damit: Er werde nie zur Ruhe kommen. Denn wenn er die lästigen Freier seiner Gattin überwältigt und alles in seinem Palaste wieder in Ordnung gebracht habe, dann, so lautet die Anweisung:

> »... Dann nimm in die Hand ein geglättetes Ruder und gehe
> Fort in die Welt, bis du kommst zu Menschen, welche das Meer nicht
> Kennen und keine Speise mit Salz genießen.« (Od XI, 121–123)
> »Zuletzt wird außer dem Meere
> Kommen der Tod und dich vom hohen behaglichen Alter
> Aufgelösten sanft hinnehmen...« (Od XI, 134–136)

Der Alte Weise, zu welchem Kirke Odysseus geschickt hat, gibt keine leichten Anweisungen für die Zukunft. Er verkündet nur deutlich, daß Odysseus, solange er lebt, »unterwegs« bleiben wird. Der Weg der Selbstwerdung dauert bis ans Ende. Odysseus wird immer alle seine Kräfte benötigen – bis seine Lebenszeit erfüllt ist.

Wiederum taucht das vorher abgewehrte Bild seiner Mutter auf. Wem anders sollte ein Mensch in der tiefsten Regression, am Rande des Todes, begegnen als dem Bild seiner Mutter?

> »Da schwoll mein Herz von inniger Sehnsucht,
> sie zu umarmen, die Seele von meiner gestorbenen Mutter.
> Dreimal sprang ich herzu, an mein Herz die Geliebte zu drücken,
> Dreimal entschwebte sie leicht wie ein Schatten oder ein Traumbild
> meinen umschlingenden Armen...« (Od XI, 204–208)

Odysseus möchte seine Mutter noch einmal mit Händen greifen, ähnlich wie *Goethes* Faust das Bild der Helena ergreifen will.[31] Aber die Mutter spricht zu Odysseus:

>... Dies ist das Los der Menschen, wenn sie gestorben ...
... die große Gewalt der brennenden Flamme verzehrt alles ...
und die Seele entfliegt wie ein Traum zu den Schatten der Tiefe.«
(Od XI, 218–222)

Durch seine Mutter erfährt Odysseus das Geheimnis der Wandlung des Lebens im Tod. Alles ist hier anders und nicht mehr mit Händen zu greifen. Das Bild der Mutter in uns ist etwas anderes, als die wirkliche Mutter es war oder ist. Wer dieses Inbild mit der äußeren Wirklichkeit seiner Mutter oder einer anderen Frau verwechselt, dem zerrinnt es in nichts – oder es geschieht ein Unglück. Hier wird die notwendige Unterscheidung zwischen der Projektion der Inbilder und der realen Person deutlich.

Odysseus erfährt die Wandlung alles Sterblichen zunächst in der Begegnung mit dem Schatten seiner persönlichen Mutter, dann mit vielen Seelen bekannter Männer und Frauen, vor allem der vor Troja gefallenen Helden. Zuletzt hört er, daß selbst Herakles, der große, in den Olymp erhobene Sohn des Zeus, auf Erden kein besseres Geschick erlitt, daß auch dieser alle Mühen der Irdischen durch- und aushaltend bestehen mußte.

>Zeus des Kroniden Sohn war ich – und duldete dennoch
Unaussprechliches Elend ...«
(Od XI, 620–621)

Odysseus wird hier vor Augen geführt, wie er lernen kann, sein eigenes Schicksal einzuordnen, anzunehmen und zu ertragen, so wie es ist. Zuletzt aber hält er es nicht mehr aus:

>... Bleiches Entsetzen ergriff mich
Fürchtend, es sende mir jetzo die strenge Persephoneia
Tief aus der Nacht die Schreckensgestalt des gorgonischen
Unholds.«
(Od XI, 633–636)

So

>floh ich eilend zum Schiffe ...«,

* Die Gorgo-Medusa ist ein archaisches Gegenbild der Göttin Athena. Sie wohnt mit ihren Schwestern im äußersten Westen der Welt, also am Eingang zur Unterwelt. Ihr Anblick läßt jedes Lebewesen vor Schreck zu Stein erstarren. Der Held Perseus enthauptet das Scheusal, indem er einen Spiegel verwendete, der ihn vor der Erstarrung schützte. Diesen Spiegel gab ihm Athena – und seither führt die Göttin das Bild des Gorgonenhauptes in ihrem Schild. Die Gorgo ist also *auch* ein möglicher Aspekt der lichten Athena!

um ins Leben zurück zu gelangen. Denn der Anblick dieses weiblichen Ungeheuers aus alter Vorzeit* läßt jedes Leben zu Stein erstarren. Wenn sich diese Gefahr naht, nützt kein Heldenmut, nur noch die kluge Flucht kann Rettung bringen.

Abb. 9: Gorgo

Nachdem Odysseus die Gefahren und die notwendigen Verwandlungen im Grenzbereich des Todes erlebt hat, kehrt er nochmals zu Kirke zurück,

»Zur aiaischen Insel, allwo der dämmernden Frühe
Wohnung und Tänze sind und Helios' leuchtender Aufgang.«
(Od XII, 3/4)

Die Unterweltfahrt ist beendet – und mit der Sonne taucht Odysseus wieder empor aus der tiefsten Tiefe des Unbewußten, des Weltmeeres. Kirke begrüßt die Menschen mit den Worten:

»Zweimal schmeckt ihr den Tod, den andre nur einmal empfinden.«

(Od XII, 22)

Ein Mensch, der sich wie Odysseus den letzten Tiefen seines Lebens und Schicksals stellt, stirbt mehrfach und wird in verwandelter Gestalt immer wieder neu geboren. In der Begegnung mit dem Tod erwacht wiederum ein neues Bewußtsein.

Kirke, die Verwandelnde und durch die Begegnung mit Odysseus selber Verwandelte, entläßt den Helden mit seinen Gefährten gestärkt – aber zugleich mit der Voraussage dessen, was ihrer noch an Begegnungen und Gefahren harrt, bevor die volle Heimkehr (Individuation) möglich wird. Noch viele müssen sterben und in den Fluten des Meeres versinken – nur der Träger eines gewandelten Bewußtseins wird überleben, eines Bewußtseins, das um die Unvollkommenheit und Vergänglichkeit des Menschen weiß und darin durchhält.

Die letzten fünf Stationen dieses Weges erfahren wir im folgenden. Nach dem Todeserlebnis des mittleren Lebensabschnittes tauchen neue Versuchungen auf.

Nachdem sich die ursprünglich negativ erscheinende Kirke zur positiv hilfreichen und weiterführenden Anima-Gestalt des Mannes gewandelt hat, treten am achten Gestade der Seelenreise noch einmal höchst gefährliche Aspekte des Weiblichen auf: die verführerisch singenden Sirenen, die jeden Seefahrer unwiderstehlich anlocken und zerreißen, sobald sie ihn mit ihren Fängen ergriffen haben.

8. Station
Die Sirenen

Die Sirenen haben den Leib von scharfkralligen Vögeln und Brust und Köpfe von schönen Mädchen. *Karl Kerényi*[32] berichtet, daß diese Wesen Töchter der Erdentiefe Chthon und Begleiterinnen der Unterweltkönigin waren. Sie hatten die Aufgabe, die Ankommenden bei Persephone anzumelden. Sie sind

70

allwissend, sind Göttinnen der *Liebe* und des *Todes*. Sie werden als Zweiheit oder als Dreiheit geschildert, also niemals als unverwechselbare Individuen.[33] Kirke hatte Odysseus vor den zwei Sirenen gewarnt:

> »… diese bezaubern
> Alle sterblichen Menschen …
> Wer mit törichtem Herzen hinfährt und der Sirenen
> Stimme lauscht, dem wird zuhause nimmer die Gattin
> Und unmündige Kinder mit freudigem Gruße begegnen;
> Denn es bezaubert ihn der helle Gesang der Sirenen,
> Die auf der Wiese sitzen, von aufgehäuftem Gebeine
> Modernder Männer umringt …«   (Od XII, 39–46)

Wer hier keinen Abstand halten kann, der ist verloren. Der Gesang der weiblichen Verführerinnen scheint gerade in seiner Doppelung einen unwiderstehlichen Sog auf Männer auszuüben. Ähnlich ergreift der Gesang der Loreley am Rhein die vorüberfahrenden Schiffer. Und in *Goethes* Ballade vom Fischer heißt es: »Halb zog sie ihn, halb sank er hin.« Das gleiche Motiv begegnet uns zu allen Zeiten und bei allen Völkern.

Kirke weiß, daß die Gefährten dieser tödlichen Umgarnung nicht gewachsen sein werden. Ihnen sollen die Ohren mit Wachs verstopft werden. Odysseus selber aber soll die Klänge bei ungetrübten Sinnen wahrnehmen. Nur empfiehlt ihm Kirke, sein schwaches Fleisch anzubinden:

> »Siehe, dann binde man dich an Händen und Füßen im Schiffe,
> Aufrecht stehend am Maste …«   (Od XII, 49/50)

Odysseus soll diese Gefahr »aufrecht« durchleiden, er soll nicht »umfallen« und dem Verderben wie ein kleiner Junge in die Arme rennen. Senkrecht, wie der »Pfahl« des Mastes, phallischmännlich und erwachsen soll er aushalten.

> »Komm, besungener Odysseus, du großer Ruhm der Achaier!«
>   (Od XII, 184)

Abb. 10:
Aufrecht an den Mast seines Schiffes gebunden, besteht Odysseus die Versuchung durch die Sirenen

so lautet die wohlgezielte Versuchung der Sirenen. Welcher Mann fühlte sich bei solcher Anrede nicht geschmeichelt? Wenn ihm dann gar noch Allwissenheit verheißen wird, dann bedarf der Stärkste des Rückgrats eines stützenden Mastbaumes, um durchzuhalten. Wer sich in solchen Situationen nicht selber zu »binden« vermag, wird seine »männliche Kraft und Stärke« einbüßen.

Weil er um seine Schwäche weiß, nimmt Odysseus die Stütze des Mastbaumes zu Hilfe. Odysseus war diesmal klüger als bei der Abfahrt von der Insel des Aiolos: Er weihte die Kameraden in die drohende Gefahr ein und erreichte dadurch, daß sie ihre Ohren verschlossen. Sie hörten nicht auf die Sirenen. Sie hielten alle zusammen und bestanden die Versuchung.

Die Begegnung mit Kirke, die seine Gefährten in Schweine verwandelt hatte, befähigte Odysseus, seine eigenen Grenzen besser einzuschätzen. Das Wissen um die eigene Begrenzung und die Fähigkeit, das eigene Inbild von der äußeren Realität zu unterscheiden, fehlte z. B. Oidipus. Darum erlag dieser der Versuchung durch ein ähnliches weibliches Mischwesen: die Sphinx.

9. Station
Skylla und Charybdis

Die neunte Prüfung aber ist so bedrohlich, daß Odysseus beschließt, seinen Mitfahrern nur den *einen* Teil der Wahrheit zu sagen, damit sie nicht von vornherein verzagen und in einer Schreckenslähmung alle zugrunde gehen. Kirke stellte dem Befehlshaber des Schiffes die schwere Wahl zwischen drei Übeln frei. Das erste Übel ist die entsetzliche Enge zwischen den Symplegaden (den Klappfelsen), die zu durchschiffen unmöglich ist. Dies gelang bisher nur dem Schiff Argo des Jason (Od XII, 70–72). So bleibt für Odysseus nur noch die Wahl zwischen zwei gräßlichen, fressenden Ungeheuern. Das eine davon heißt Charybdis. Sie ist nach *Kerényi*[34] ein alles verschlingendes Wesen, die Tochter der Erdmutter Gaia und des Poseidon. Charybdis bedeutet »die Hinuntersaugende«[35].

»Dreimal gurgelt sie täglich es (das Meer) aus und schlurft es dreimal
Schrecklich hinein …
Selbst Poseidon könnte dich nicht dem Verderben entreißen.«
(Od XII, 105–107)

Dies ist das »Übel von Unten«.

Das andere verschlingende »Übel von Oben« heißt Skylla. Sie ist eine Tochter der hundegestaltigen Nacht- und Mondgöttin Hekate oder der Lamia.[36] In der Mitte des der Charybdis gegenüberliegenden Felsens bewohnt eine Höhle

»… die fürchterlich bellende Skylla,
Deren Stimme hell wie der jungen saugenden Hunde
Winseln tönt, sie selbst ist ein greuliches Scheusal …
Mit sechs Hälsen und Klauen.«   (Od XII, 85–87)

Heißhungrig tauchen diese unglaublich langen Hälse aus dem Unsichtbaren hervor und packen ihr Opfer unversehens. Man kann sie nicht einmal bekämpfen:

»Denn nicht sterblich ist jene, sie ist ein unsterbliches Scheusal
Furchtbar und schreckenvoll grausam und unüberwindlich.
Nichts hilft Tapferkeit dort, entfliehn ist die einzige Rettung.«
(Od XII, 118–120)

Odysseus warnt die Gefährten nicht vor Skylla, sondern nur vor Charybdis, dem tödlichen Abgrund, dem alle zum Opfer fallen würden, wenn sie hineingerieten. So steuert man mit vereinten Kräften auf den Felsen der Skylla zu, die Odysseus trotz seines Wissens um die Unmöglichkeit doch bekämpfen möchte. Er stellt sich bewaffnet auf das Vorderdeck seines Schiffes und sucht die hohe Felswand mit wachen Sinnen angestrengt ab.

Allein will er der Gefahr begegnen, von der er weiß, daß keiner der Gefährten ihr gewachsen wäre. Hätte er ihnen gesagt, daß etliche von ihnen bei lebendigem Leibe von der Skylla gefressen

würden, so hätten sie sich womöglich alle kopflos vor Angst in den Todesrachen der Charybdis gestürzt, und keiner wäre entkommen. Daß diese Sorge des Odysseus berechtigt war, zeigte bald darauf das Verhalten der Kameraden auf der Insel des Helios, Thrinakia.

Odysseus sucht der Skylla so wach wie möglich zu begegnen:

>>Aber ich schaute sie nirgends, obgleich die Augen mir schmerzten.<<
(Od XII, 232)

Voll Entsetzen starren alle auf die Charybdis,

>>Welche die salzige Flut des Meeres fürchterlich einschlang;
Wenn sie die Flut ausbrach, wie ein Kessel auf flammendem Feuer
Brauste mit Ungestüm ihr siedender Strudel, und hochauf
Spritzte der Schaum …
Wenn sie die salzige Flut des Meeres wieder hereinschlang,
Senkte sich mitten der Schlund des reißenden Strudels und ringsum
Donnerte furchtbar der Fels, und unten blickten des Grundes
Schwarze Kiesel hervor. Und bleiches Entsetzen ergriff uns.
Während wir nun in der Angst des Todes alle dahinsahn,
Neigte sich Skylla herab …<<
(Od XII, 236–245)

Selbst Odysseus nahm sie nicht wahr, als sie sechs seiner Gefährten ergriff, und

>>hoch über mir schwebten und schrien die Jammernden alle.<<
(Od XII, 249)

Wenn wir uns diesen Bildern überlassen, dann mag uns wirklich zumute werden wie den Insassen jenes Schiffes. Rundum braust und brodelt die Sturmflut. Alle strengen ihre Kräfte aufs äußerste an, um dem Abgrund zu entgehen. Dunkelblauschwarze Wolken scheinen sich mit den hereinbrechenden Fluten zu vermischen, man weiß nicht mehr, wo oben und unten ist. Man kann so wach bleiben wollen wie möglich: Unversehens hat man plötzlich die Orientierung verloren. Ob das Chaos sein Opfer

von »oben« oder von »unten« fordert, ist nicht mehr festzustellen. Zitternd vor Entsetzen rudern alle mit letzter Anstrengung aus dieser Hölle heraus. Aber wiederum fehlen sechs der Gefährten, die vor aller Augen auf grausame Weise von der Skylla verschlungen wurden.

Dieses Ungeheuer der menschlichen Vorzeit *in* uns saugt unersättlich, den jungen Hunden gleich, am Euter der »Mutter«. Den Psychologen sind solche infantil gebliebenen, frühgestörten Menschen wohlbekannt, die sich an ihren Mitmenschen festsaugen, bis von diesen buchstäblich nichts mehr übrigbleibt, Hier hilft nur eine klare Distanzierung. Aber wer vermag diese ohne Hilfe zu leisten, während er den Todesstrudel um sich verspürt?

Nach dem »Opfer an Skylla« wird der Übergang auf eine neue Bewußtseinsebene dringend. Ohne den Verzicht auf eine direkte Stillung der noch kindlichen Wünsche geht es nicht mehr. Diese geistige Wandlung wird Odysseus mit seinen Gefährten auf der Insel Thrinakia im Reich des Sonnengottes Helios angeboten. Es ist zugleich eine schwere Versuchung, der die Gefährten sämtlich erliegen.

Kaum dem grausigen Rachen der Skylla entronnen, steuert das Schiff alsbald eine herrliche Insel an, welche Entschädigung nach aller Aufregung, Angst und Gefahr verspricht. Die zehnte Station der Reise ist die Insel des *Helios*, Thrinakia.

Helios ist einer der Urgötter aus dem Geschlecht der Titanen, die vor den Olympiern regierten. Er kann als Vertreter des Bewußtseins der Ur-Schöpfung gelten. Er regiert selber die Tageszeiten mit Hilfe seiner »Rinder-Herden« und mit den Sternen-Schafen auch die Nacht. Wenn Menschen sich an den Gestirnen vergreifen, wird das kosmische Gleichgewicht und wird die Zeit gestört, nach deren Maß das Menschenleben geordnet ist. Das Empfinden von Zeitlosigkeit ist ein Ausdruck tiefster menschlicher Depression. Im Kultus haben Menschen von jeher das Maß

10. Station
Die Insel des Helios

der Zeit mit dem Gott und für den Gott zelebriert und damit letztlich für sich selber. Im Vollzug der Ordnung von Raum und Zeit schafft sich der Mensch erst seine Lebensordnung, darin hat er an der Schöpfung Gottes teil.

Die prächtigen Herden des Helios repräsentieren die Zeit, das ist an ihrer Zahl erkennbar. Er besitzt sieben mal fünfzig Sonnenrinder und sieben mal fünfzig Mondschafe. Zusammen sind es also siebenhundert Tiere. In der Zahl 700 ist die heilige Sieben enthalten. Sieben Planeten regierten damals die Weltzeit. *K. Kerényi*[37] deutet die 350 als Mondenjahr mit 350 Tagen und ebensovielen Nächten.*

* Der Aspekt der Zeit begegnete uns schon bei den »Herden des Tages« und den »Herden der Nacht« der Laistrygonen.

Die Gefährten des Odysseus hören die Tiere des Helios schon von ferne blöcken. Das klingt wie Musik in ihren Ohren, denn sie sind stets hungrig. Doch Odysseus weiß, daß es den sicheren Untergang bedeuten würde, nach diesen Tieren zu greifen. Denn weder vermehren sich die Sonnentiere, noch sterben sie. Deshalb bedeutet jedes Rind oder Schaf, welches aus dieser geheiligten Herde gewaltsam entfernt wird, daß dadurch die irdische Zeit in Unordnung gerät. Darum fordert Odysseus seine Gefährten auf, die Insel zu meiden. Da erhebt sich gegen ihn Eurylochos, der noch den Groll wegen der Ereignisse bei Kirke in sich trägt:

»Grausamer Mann, du strotzest von Kraft ...«,   (Od XII, 279)

so wirft er ihm vor, und uns vergönnst du nicht einmal die verdiente Ruhepause,

»Sondern befiehlst, daß wir die Insel meiden und blindlings
Durch die dickeste Nacht im düsteren Meere verirren!«
(Od XII, 284/285)

Eine Meuterei droht auszubrechen.

»Und ich erkannte jetzt, daß ein Himmlischer Böses verhängte.«
(Od XI, 295)

Odysseus ist machtlos. Er versucht, die Freunde durch einen Eid zu binden, daß sie sich an dem Eigentum des Sonnengottes nicht vergehen, zumal ihnen Kirke reichlich Proviant mit auf den Weg gegeben hatte. Aber als die Nacht vergangen ist, sendet Zeus Sturm und Unwetter. Der Südsturm braust einen vollen Monat, der ganze Vorrat ist verzehrt. Man versucht, Fische zu angeln und Vögel zu fangen. Odysseus ist am Verzweifeln, weil er weiß, daß die Kameraden nicht mehr lange durchhalten werden. Einsam geht er über die Insel und fleht um Hilfe zu allen Göttern. Diese senden ihm endlich einen erquickenden Schlummer. Aber Eurylochos benutzt diese Gelegenheit, um die Gefährten aufzuhetzen: Lieber wollen wir im Meere umkommen, als hier langsam verhungern! In aller Eile werden die besten der heiligen Rinder zusammengetrieben und geschlachtet. Man vergißt nicht das Opfer für die Götter. Doch das Unheil ist geschehen. Schreckliche Vorzeichen kündigen es an. Dennoch lassen sich alle, außer Odysseus, sechs Tage lang den Frevel der verbotenen Speise schmecken. Sie feiern ein »Gruppenfest« der direkten Wunscherfüllung, sie fühlen sich alle wie »gestillt«. Man könnte im Rückblick auf Skylla und Charybdis sagen: »Lieber wollen wir alle (in der Charybdis) sterben, als dem Ungemach des Hungers standzuhalten!« Oder: »Lieber soll uns der Tod verschlingen, als daß *wir* oral darben müssen!«

Helios ist erzürnt. Dürfen Menschen nach den heiligsten Ordnungen greifen, nur um ein primitives Bedürfnis zu befriedigen?

> »Büßen die Frevler mir nicht vollgültige Buße des Raubes,
> steig ich hinab in den Hades und leuchte den Toten«,
>
> (Od XII, 382/383)

so droht Helios vor Zeus. Das bedeutet, daß dann die ganze Welt auf den Kopf gestellt und das Unterste zuoberst gekehrt wird. Das Licht wird dann nicht mehr den Lebenden und den olympischen Göttern scheinen, sondern den Toten in der Unterwelt. Raum und Zeit sollen durcheinandergerüttelt werden. Nichts, was bisher verläßlich war, wird mehr stimmen. Das bedeutet das Chaos!

Scheinbar legt sich der Sturm. Getäuscht sticht die Mannschaft wieder in See. Da

> »breitete Zeus-Kronion ein dunkelblaues Gewölk aus.«
> (Od XII, 405)

Ein Orkan läßt den Mastbaum des Schiffes zerbrechen. Blitze zucken.

> »Alles war Schwefeldampf und die Freund' entstürzten dem Boden.«
> (Od XII, 417)

und ertranken elend. Odysseus allein vermag sich in seinem Gefährt zu halten, bis auch dieses zerbricht. Die ganze Nacht treibt er, geklammert an den Kiel und einen Rest des Mastbaumes, den er damit verband, umher. Am Morgen nähert er sichst erneut der schrecklichen Enge zwischen Skylla und Charybdis.

Die Gefahr der Charybdis muß Odysseus alleine bestehen. Nun hat er es nicht nur mit den gierig saugenden, winselnden Köpfen der Skylla zu tun, sondern mit dem unwiderstehlich gurgelnden Rachen des Todes. Charybdis verkörpert die Kehrseite der hervorbringenden, gütig ernährenden Mutter Natur, ihre Nachtseite, die ihre Geschöpfe wieder verschlingt. Was er an den Grenzen der Unterwelt in geregeltem Ritus bestehen konnte, bricht nun jählings über den Menschen herein. Charybdis tut soeben das, was sie dreimal im Laufe von vierundzwanzig Stunden vollzieht, sie gurgelt alles Wasser in einen unermeßlichen Abgrund. Über den Felsen des Strudels hängt ein mächtiger Fruchtbaum herab, eine Feige mit ihrem verschlungenen Astwerk. Es ist, als ob sich Odysseus in höchster Not an den Armen einer gütigen Baumgöttin festklammere. Unter ihm werden die Trümmer seines Schiffes in die Tiefe gerissen. – Wie lang wird er es aushalten, so in der Luft zu hängen

> »wie die Fledermaus?«
> (Od XII, 433)

Der Sog der Tiefe wird gefährlich. Manchen Depressiven verläßt die Kraft, und er gibt dem tödlichen Abgrund nach.

Endlich speit Charybdis die Balken wieder aus. Jetzt ist die richtige Zeit zum Loslassen gekommen. Odysseus springt hinunter, packt das Wrack und rudert mit bloßen Händen. Die Skylla bekommt er nicht mehr zu sehen.

> »Und neun Tage trieb ich umher; in der zehnten der Nächte
> Führten die Himmlischen mich gen Ogygia« (zu Kalypso).
> (Od XII, 447/448)

Was mag ein Mensch erleben, der viele Stunden am Gezweig eines wenig festen Feigenbaumes über dem Abgrund schwebt, ähnlich dem germanischen Gott Odin am Weltenbaum oder Christus am Kreuz, der die Spannung der ganzen Welt wie auch seine eigene in dieser Todesangst aushält? Odysseus stirbt dabei keinen leiblichen Tod. Aber alles, was von der Art seiner »Gefährten« noch in ihm lebendig war, ist in dieser Ausweglosigkeit sicher von ihm abgefallen. Die finstere Seite des Zeus und die finstere Charybdis bedrohen ihn. Da läßt er sich fallen, sobald nur ein kleiner Hoffnungsschimmer auftaucht. Er fällt ins Meer der Gestaltlosigkeit, in die Strudel von Angst, Verzweiflung und Tod, ins Nichts – und trotz allem bleibt ihm ein Funken des Bewußtseins erhalten, als er mit den Händen rudernd dem Abgrund entkommt. Dann treibt er im Meer des großen Unbewußten umher, dreimal drei lange Tage und Nächte, ohne zu wissen, ob dieses furchtbare Wasser ihn noch einmal zu den Lebenden entlassen wird. Neun Tage dauert die Krise, in der es um Leben und Tod geht; eine Krise, die z. B. den Ärzten vor der Ära der Antibiotika wohl bekannt war. Danach speit das Meer Odysseus wieder aus, diesmal an die Küste der Insel Ogygia, auf welcher Kalypso wohnt.

Psychologischer Rückblick auf die Stationen sechs bis zehn

Wieder ist ein Rückblick auf die seelischen Ereignisse im Verlauf der vorangegangenen Stationen und deren Bedeutung für den zukünftigen Weg nötig.

Um der Nymphe *Kirke* in der richtigen Weise begegnen zu können, hatte Odysseus auf den bisherigen Stationen seines Weges bestimmte Bedingungen erfüllen müssen. Er mußte die primitiv-männliche Schattenwelt der Gewalttätigkeit überwinden und die Versuchung bestehen, in problemloses Vergessen auszuweichen. Außerdem hatte Odysseus als Träger des Bewußtseins seiner »Mannschaft« die Lehre des Aiolos über die Elementargewalt des Geistes erhalten, der zerstörend ausartet, wenn er nicht in der richtigen Weise gebändigt wird.

Auf seinem einsamen Weg zur Behausung der Kirke begegnet Odysseus dem Gott Hermes, dem Führer auf dem Übergang zwischen Leben und Tod und dem Repräsentanten des unterscheidenden männlichen Geistes. Odysseus benötigt die Hilfe des Gottes dringend, um dem Zauber der Kirke nicht zu verfallen und die nachfolgende Fahrt in die Unterwelt bestehen zu können. Die Gefährten waren der kollektiven Versuchung der »Großen Göttin« erlegen, weil sie die vorangegangenen Stufen der männlichen Schulung nicht verstanden hatten.

Odysseus aber zwingt Kirke in eine Vorstufe der persönlichen Beziehung, indem er zunächst einmal das Schwert der Unterscheidung schwingt. Gleichzeitig trägt er den geheimnisvollen Schutz der Pflanze Moly bei sich, die etwas mit der Beziehung zwischen »oben« und »unten« und der menschlichen Ganzheit zu tun zu haben scheint.

Nachdem Odysseus die Gefahr der »Königin Mutter« bei den Laistrygonen erlebt und sich dieser durch die Kunst, Abstand zu halten, und durch die Flucht entzogen hatte, begegnet er in Kirke der ersten Ausprägung einer Anima-Gestalt. Das bedeutet, daß in ihm selber durch die Differenzierung des Bildes der mütterlichen Gestalt ein neues, anderes weibliches Inbild zu wach-

sen beginnt, das er vorerst in der Begegnung mit Kirke projizierend in der Außenwelt erlebt. Was in ihm wächst, das scheint er »draußen« zu erleben.

Kirke ist gleichzeitig eine weibliche Gestalt, die die weitere Differenzierung des Anima-Bildes in der Wechselbeziehung anregen kann. Die reale äußere Gestalt trifft sich mit einem inneren Bild, beide induzieren sich wechselseitig. Das ist ein komplizierter seelischer Prozeß, in dessen Verlauf häufig die objektive und die subjektive Wirklichkeit verwechselt werden. Stets bedarf es neuer Besinnung und Unterscheidung, die ohne Hilfe des »Hermes« fast unmöglich ist.

Indem Odysseus den Versuchungen der Kirke in ihrer archetypisch-undifferenzierten Weiblichkeit standhält, wird er nicht verzaubert (»bezirzt«), sondern *er bewirkt die Verwandlung der Göttin.*[38] Sie verharrt nun nicht mehr in dem für den Mann so unheimlichen weiblichen »Geheimnis«, sondern sie gibt ihr Wissen preis und sagt ihm, was er braucht, um seinen weiteren Weg sehenden Auges gehen zu können. Die Differenzierung der Anima geschieht also einmal durch die Zähmung der männlichen Primitivschicht, aus der der »Hermes-Geist« hervorgeht; zum anderen ist es die Lösung von dem infantilen Mutterbild – und dieses wiederum wird durch »Hermes« zur reiferen Anima hin gefördert. Die »veredelte« Anima ihrerseits befähigt das männliche Bewußtsein zum Gang in eine neue Tiefenschicht, die mit der Erfahrung des Todes zu tun hat.

Im *Hades* hat sich Held mit der menschlichen Vergänglichkeit auseinanderzusetzen, er erfährt also neue Grenzen des Seins. Das ist eine unmittelbare Folge seiner Berührung mit Kirke. In der intimen Begegnung mit dem anderen Geschlecht wird dem Menschen in besonderer Weise seine Sterblichkeit bewußt, sofern er sich nicht in der Schein-Begegnung einer symbiotischen Beziehung um die eigentliche Erkenntnis betrügt.

Im Hades nimmt Odysseus endgültigen Abschied vom Bild seiner Mutter, die ihn in die veränderte, also verwandelte Wirklichkeit der Existenz nach dem Tode einweiht. Auch die Gefährten seiner Jugend läßt er hinter sich. Dafür begegnet ihm der Archetypus der gereiften Männlichkeit, der in der Gestalt des »Alten Weisen« (Teiresias) als Führer in die Zukunft erscheint. Von ihm erfährt Odysseus, daß er nur durch äußerste Selbstbeherrschung und unter Verlust seiner sämtlichen »Gefährten« das Ziel seiner Seelenreise erreichen wird.

Die letzten Gefährten warten an der Grenze der Unterwelt, deren Weisungen sie nicht verstehen und aushalten könnten. Nur Odysseus vermag zu hören, was ihm Teiresias und die Schatten der Toten zu sagen haben.

Der Versuchung zur männlichen Eitelkeit hält die gesamte Mannschaft im Vorüberfahren an der Insel der *Sirenen* stand. Odysseus wendet seine in der Begegnung mit Kirke und durch die Hilfe des Hermes neu erworbene männliche Selbsterkenntnis an. Er weiß, daß ihm verheerende Verzauberungen drohen, wenn er einer unqualifizierten weiblichen Verführung blindlings nachgibt. Das bedeutet nicht, daß er von nun an als Mönch durchs Leben segelt. Aber er kennt die Schwäche seiner (inneren) Gefährten. Ihnen verschließt er die Ohren. Er selber will die Gefahr bestehen. Und da er seine eigenen Grenzen kennt, bindet er sein schwaches Fleisch an den standfesten Mastbaum seiner inzwischen erwachsenen Männlichkeit.

Danach aber lauert ein weibliches Ungeheuer am Weg, das niemand besiegen kann.

Nur Odysseus weiß um die *Skylla*[39].

Dieses winselnde, fressende und saugende Unwesen kann ein Mensch erst wahrnehmen, wenn es ihn schon gepackt hat, wenn es zu spät ist. Jener negativ-weibliche Archetypus kann dem Menschen z. B. in Gestalt der eigenen Mutter begegnen, wenn

diese nicht erwachsen war und ihre unersättlich infantilen Wünsche an ihren Kindern auslebt. Mitleiderregend und stets gekränkt oder depressiv weint sie, um die Zuwendung aller Menschen, besonders aber ihrer Kinder zu bekommen, die sie vor lauter falsch verstandener Liebe auffrißt und nie ihren eigenen Weg gehen läßt. Sie erregt in allen Mitmenschen ein schlechtes Gewissen, sobald diese ihre eigenen Willens- und Gefühlsregungen zeigen. Werden Kinder solcher Mütter physisch erwachsen, so lernten sie in der Beziehung zu anderen Menschen doch nie ein anderes Muster kennen als das, was wir in der Sprache der Psychologen die Symbiose nennen: eben eine Scheinbeziehung unfreier, ängstlicher Anklammerung, in welcher der »Partner« schließlich verschlungen wird. Hat zum Beispiel ein Mann diese Haltung in sich fixiert, so sucht er in jeder Frau wiederum eine »Mutter«, an der er unbegrenzt »saugen« kann. Umgekehrt provoziert er gradezu diese Eigenschaften. Er weckt in seinen Partnerinnen – die keine wirklichen Partnerinnen sind – den negativ-weiblichen Archetypus der Skylla, der als kollektiv-weiblicher Schatten in jeder Frau als Möglichkeit auch bereit liegt. Das geschieht deshalb, weil sich die innere Anima-Gestalt dieses Mannes nicht differenzieren konnte. Es sei hier noch angemerkt, daß das weibliche Kind einer solchen »fressenden« Mutter es nie wagen wird, sich von dieser zu lösen. Aus lauter schlechtem Gewissen identifiziert sich das Mädchen so vollständig mit dieser Mutter, daß sie kaum ihren inneren »Hermes«, ihren Animusanteil zu entfalten vermag, der ihr zur Überwindung des überbordend negativ Weiblichen helfen könnte.

Odysseus muß erkennen: In der Begegnung mit der Skylla ist mit dem Schwert nichts auszurichten, hier ist kein Dialog möglich. Da hilft nur schleunige Flucht in eine möglichst große Distanz. Dies hat der Bewußtseinsträger begriffen.

Unfähig erweist sich die Mannschaft bei der Landung auf der *Insel des Sonnengottes Helios*. Anscheinend geht es hier ausschließlich darum, welche leiblichen Entbehrungen diese Menschen auszuhalten bereit sind. Doch das ist nur ein Teil der

Wirklichkeit, ein *Symptom*. Tatsächlich steht etwas anderes auf dem Spiel. Denn wer weder den Versuchungen der Kirke widerstand noch den Blick in den Hades wagte noch die Gefahr der Skylla begreifen konnte – der ist auch nicht willens, Entbehrungen auf sich zu nehmen oder die Grenzen seiner Lebenszeit zu respektieren.

Die Herden des Sonnengottes stehen nicht nur für kraftspendende Nahrung, sondern sie repräsentieren vor allem die Einheiten der Zeit und des Raumes. Zum Beispiel orientiert sich der Wanderer am Tag zeitlich und örtlich am Stand der Sonne, während der Seefahrer nach den Gestirnen des Nachthimmels ausschaut. Ohne diese Orientierung kann der Mensch schlecht leben. Sie vermittelt ihm eine gewisse Sicherheit, aber gleichzeitig auch das Bewußtsein seiner Grenzen. Indem wir unsere Jahre zählen, nehmen wir unser Alter wahr. Unsere Jahre sind uns zugemessen, wir können sie uns nicht willkürlich nehmen. Dies aber versuchen die Gefährten des Odysseus. Indem sie die Rinder des Helios rauben, meinen sie, dem Altern nicht mehr unterworfen zu sein. Eurylochos redet ihnen ein, daß ein Ende mit Schrecken auf dem Meere leichter zu ertragen sei als ein langsames Siechtum (und Altern).

Sowohl für die Griechen als auch für den westeuropäischen Menschen heutiger Tage ist der Wunsch nach »ewiger Jugend«, nach seliger Zeitlosigkeit eine der größten Versuchungen, die ihn daran hindert, in sein Menschsein voll hineinzuwachsen. Die Symptome dieser Weigerung, Grenzen anzunehmen, äußern sich nicht nur in manchen Moden, sondern auch in der vielfach ins Groteske getriebenen Leugnung und Verdrängung des Todes. Die Unfähigkeit, Spannungen aushalten zu können, treibt manche Menschen in »Gruppen«[40], in denen viele meinen, sich ihre »Befriedigung« auf eine unverbindliche, mühelose Weise holen zu können. In Wirklichkeit ist echte Befriedigung aber nur in der spannungsreichen Auseinandersetzung mit uns selber und mit anderen Menschen in einer echten, verbindlichen Beziehung möglich.

Odysseus muß die »Gefährten« preisgeben, die den genannten Versuchungen nicht zu widerstehen vermochten und den »Zorn des Gottes« durch ein unzureichendes, weil formales Opfer zu besänftigen gedachten. Sie alle kommen im Sturm des Vertreters der emotionalen Maßlosigkeit, des Poseidon, um, der gleichzeitig der dunkle Aspekt des Zeus ist.

Einsam hängt Odysseus schließlich über dem Abgrund der *Charybdis,* der man als Mensch noch weniger »begegnen« kann als der Skylla. Man kann in diesen Todesschlund nur abstürzen – oder ihn verzweifelt als existent erleben und durchhalten, so gut es die Kräfte eben erlauben. Menschen, die dieser negativen Elementarmacht des Todes-Soges zum Beispiel im plötzlichen Selbstmordimpuls einer schweren Depression begegnen, sind ihr fast hilflos ausgeliefert. Odysseus kam sich in dieser Lage ohn-mächtig im wahrsten Sinne des Wortes vor. Sein letzter Bewußtseinsfunke befähigte ihn noch, nach den wieder auftauchenden Trümmern seines Schiffes zu greifen. – Mit dieser Erfahrung wird er auf den Strand der Insel Ogygia geworfen, nachdem er neun Tage und Nächte in den Gewässern von Tod und Neugeburt umhergewirbelt wurde. Neun Tage oder neun Monate, das ist im Hinblick auf Werden und Vergehen einer Initiation kein Unterschied.

V. Vom negativ-weiblichen Archetypus zur positiven Anima-Gestalt und zur Begegnung mit der persönlichen Frau

11. Station
1. Ankunft bei Kalypso auf der Insel Ogygia[41,42]

Drei Jahre sind vergangen, seit Odysseus die kleinasiatische Küste verlassen hat. Mit ihm ist in dieser Zeit Entscheidendes geschehen. Noch zürnt ihm Poseidon, der Vater des Polyphem und anderer Repräsentanten der archaischen Vorzeit. Doch Odysseus bestand die Prüfung des Übergangs in die zweite Lebenshälfte unter Aufopferung aller Eigenschaften, die durch die »Gefährten« verkörpert wurden. So hatte Kirke ihn frei gegeben, er war nicht von ihr »besessen«.

Nun landet er auf einer neuen Insel des menschlichen Bewußtseins, der elften Station seines Weges. Diese Landung ist anders als die früheren. Weder ist es finster, noch wird er durch eine Steilküste abgewiesen. Auch wird nicht erzählt, wie er nach seiner früheren Gewohnheit erst vorsichtig das Land zu erkunden sucht.

Sofort, als hätte sie ihn erwartet, nahm ihn die

> »Schöngelockte, die furchtbare Göttin.«   (Od VII, 246)

freundlich auf. Wir erfahren von ihr, daß sie eine Grotte bewohnt. Ihr Name weist auf eine gute, bergende Höhle hin. Entsprechend wird die Umgebung der Nymphe vorgestellt:

> »Vor ihr brannt' auf dem Herd ein großes Feuer, und fernhin
> Wallte der liebliche Duft vom brennenden Holze der Zeder
> Und des Zitronenbaumes. Sie sang mit melodischer Stimme,
> Emsig, ein schönes Gewebe mit goldener Spule zu wirken.«
> (Od V, 59–62)

Die Grotte ist von Bäumen umstanden und von einem Weinstock voll purpurroter Trauben umrankt. Viele Vögel bewohnen das Geäst

> »und vier Quellen ergossen ihr silberblinkendes Wasser,«
> (Od V, 70)

die vier Ströme des Paradieses.

Kalypso verliebt sich in den sterblichen Mann und möchte ihn für immer bei sich behalten, ähnlich den Nixen vom Teich in unseren Märchen. Sieben Jahre umwirbt sie den Sterblichen, dem sie Unsterblichkeit und ewige Jugend verspricht um den Preis, daß er in ihre Wünsche einwilligt. Sieben lange Jahre hält sie ihn fest, ein Zeitraum, in welchem der Mensch sich leiblich völlig erneuert und nach alter Erfahrung auch seelisch seine wichtigsten Reifungsschritte tut.

Aber Odysseus

> »... saß am Gestade des Meeres und weinte beständig.
> Ach! in Tränen verrann sein süßes Leben, voll Sehnsucht
> Heimzukehren; denn lange nicht mehr gefiel ihm die Nymphe,
> Sondern er ruhte des Nachts in ihrer gewölbeten Grotte
> Ohne Liebe bei ihr, ihn zwang die liebende Göttin.
> Aber des Tages saß er auf Felsen und sandigen Hügeln
> Und zerquälte sein Herz mit Weinen und Seufzen und Jammern
> Und durchschaute mit Tränen die große Wüste des Meeres.«
>
> (Od V, 151–158)

Seine Lage ist aussichtslos. Angesichts des großen Weltmeeres sitzt er im goldenen Käfig einer »göttlichen« Frau, die ihn freiwillig nie loslassen will. Sie stellt ihm vor Augen, welche entsetzlichen Gefahren seiner lauern, falls er sie, gemäß dem nun verkündeten Ratschluß der Götter, verlassen wolle. Wüßtest du das alles, so spricht sie,

> »Gerne würdest du bleiben, mit mir die Grotte bewohnen
> Und ein Unsterblicher sein, wie sehr du auch wünschest, die Gattin
> Wiederzusehen, nach welcher du stets so herzlich dich sehnst:
> Glauben darf ich doch wohl, daß ich nicht schlechter als sie bin,
> Weder an Wuchs noch an Bildung! wie könnten sterbliche Weiber
> Mit Unsterblichen sich an Gestalt und Schönheit vergleichen?«
>
> (Od V, 208–213)

Die Rede der Kalypso klingt anders als jene der Sirenen. Ihre Versuchung spricht keine vergangenen Größen-Wünsche an,

sondern etwas, das für einen heutigen Menschen, der die Lebensmitte überschritten hat, viel wichtiger sein kann. Er bewegt sich langsam und immer stärker spürbar auf seine Vergänglichkeit zu. Die körperliche Leistungsfähigkeit und die Vitalität lassen nach. Er wird für Krankheiten anfälliger und überwindet deren Folgen schwerer. Er bemerkt die Leiden und Gebrechen alter Mitmenschen mit anderen Augen und denkt mehr und anders über seinen bevorstehenden Tod nach. Wer an dieser Schwelle seines Lebens steht, ist anfällig für die Verführung, die in dem Versprechen von ewiger Jugend und Unsterblichkeit enthalten ist.

Kalypso stellt außerdem siegesgewiß fest, daß die noch so kluge und schöne Penelope sich mit den unsterblichen Reizen einer Göttin gewiß nicht vergleichen lasse.

Einem heutigen Mann würde seine Kalypso vielleicht sagen: Schau doch hin, wie unansehnlich deine Penelope wird. Du selber bist noch vital, aber was will sie schon von dir wissen, was versteht sie denn, wenn deine Triebbedürfnisse noch stärker sind als die ihren? Wenn du mit ihr ausgehst, sieht sich niemand mehr nach ihr um. Merkst du denn nicht, wie *meine* Bekanntschaft dich in Schwung bringt und dir neue Flügel verleiht? Hörst du nicht, wie alle sagen, du habest dich seither verjüngt?

Diese »Kalypso« möchte ihren Freund über seine eigentliche Altersstufe hinwegtäuschen – und sie versucht ihm und sich vorzumachen, daß auch sie selber der Vergänglichkeit nicht unterworfen sei. Und doch wird dieser Mann auch ihrer überdrüssig werden, weil die Stufe der physischen Jugend vorbei ist. Vielleicht wird er spüren, daß seine *Wertmaßstäbe* sich ändern. Vielleicht wird er gemeinsam mit seiner ihm verbundenen Penelope entdecken, daß ein redliches, liebevolles Zueinanderstehen und Mittragen der beiderseitigen Mängel menschlich so beglückend werden kann wie früher die biologische Lebenskraft. Die Gewichte verlagern sich ganz allmählich immer mehr vom Sexus zum Eros. Nun wird es sich zeigen, ob in einer ehelichen Bezie-

hung von jeher genügend Eros enthalten war. Dann wird ein warmer Unterton in der liebevollen Fürsorge der Alten füreinander stets weiterschwingen.

Odysseus antwortet Kalypso:

> »... Ich weiß es
> Selber zu gut, wie sehr der klugen Penelopeia
> Reiz vor deiner Gestalt und erhabenen Größe verschwindet,
> Denn sie ist nur sterblich, und dich schmückt ewige Jugend.
> Aber ich wünsche dennoch und sehne mich täglich von Herzen,
> Wieder nach Hause zu gehen und zu schaun den Tag der Zurück-
> kunft.«   (Od V, 215–220)

Odysseus will von dem weiblichen Idealbild ewiger Jugend und Schönheit nichts mehr wissen, »denn lange nicht mehr gefiel ihm die Nymphe«. Anfangs, als er aus der äußersten Not an ihr Land geworfen wurde, tat ihm der liebevolle Empfang der schönen Frau wohl. Er, der von allem völlig entblößt war, freute sich, von ihr schützende Kleidung und Nahrung zu erhalten, ihre liebende Umarmung erwärmte ihn, und er genoß ihre Vollkommenheit. Aber mehr und mehr spürte er, daß sein menschliches Schicksal, daß alles, was er bisher erlebt und erlitten hatte, mit ihrer schicksalsfreien Vollkommenheit auf die Dauer nicht zusammenpaßte. Kalypso wurde ihm langweilig; er empfand diese goldene Gefangenschaft als lästig. Er wünschte sich reales Leben, und dazu gehörte die Gemeinschaft mit seiner sterblichen, unvollkommenen Penelope.

2. Abschied von Kalypso und letzter Schiffbruch

Als Kalypso begreift, daß sie Odysseus nicht zu halten vermag, zieht sie (wie früher auch Kirke) ihr silberfarbenes Gewand an. Sie zeigt sich in ihrer archetypisch weiblichen Gestalt – und hilft ihm schließlich, indem sie ihn auf höheren Befehl freigibt. Der Befehl der olympischen Götter an Kalypso wird durch Athena bewirkt: In dem Augenblick, in welchem sich Odysseus klar von seinen letzten Unsterblichkeits-Phantasien löst und sich für die reale und sterbliche Penelope entscheidet, setzt auch die Hilfe

der Götter ein, nachdem er seine Projektion von Kalypso zurückgezogen hat. Damit wird seine wahre Anima-Gestalt in dem Bild der Göttin Athena wieder für ihn wirksam. Odysseus darf nun sein Floß zimmern und nimmt von der göttlichen Frauengestalt Abschied. Sie gibt ihm mit auf den Weg, was sie zu geben vermag: Kleidung, Nahrung und einen freundlichen Fahrtwind.

Achtzehn Tage[43] segelt Odysseus glücklich und unbehelligt dahin. Wachsam beobachtet er des Nachts die Gestirne und orientiert sich nach den Himmelsrichtungen (Od V, 272–277). Das Sternbild des Orion, welches am südlichen Himmel steht, soll er stets zur Linken behalten. Er fährt also von Ost nach West, vom Sonnenaufgang zum Untergang, wie es seiner Lebensphase entspricht.

Schon entdeckt er aufatmend Land. Dunkel erscheinen ihm die fernen Berge,

>>wie ein Schild im Nebel des Meeres<<.   (Od V, 280)

Da beschließt der finstere Poseidon zum letzten Mal, Odysseus einen Streich zu spielen, obwohl er weiß, daß er ihn nicht endgültig verderben darf. Es heißt, der Gott habe dem Land der Äthiopen einen Besuch abgestattet;

>>Äthiopen, die zwiefach geteilt sind, die äußersten Menschen,
Gegen den Untergang der Sonne und gegen den Aufgang.<<
(Od I, 23/24)

In dem nächtlichen Reich zwischen Sonnenuntergang und -aufgang hatte er die Opfer der dort wohnenden Menschen empfangen. Das mögen die braunhäutigen Afrikaner gewesen sein[44], die >>dunklen Brüder<< der bewußteren, hellhäutigen Griechen; es können aber auch >>Die<< im Reiche unter der Erde, die Toten sein. Dort war ja auch Odysseus gewesen, um das Wissen der Tiefe zu erlangen. Nun war er auf der Fahrt aus jenem Reich Po-

seidon zuvorgekommen, er hatte den Sonnen-(Bewußtseins-)
Aufgang im Osten vor dem Gott vollzogen. Der Mensch, der es
gelernt hatte, seine stürmenden Begierden in sich unter Kontrolle zu bekommen, war der unbeherrschten Macht des Mee-
resgottes in seiner bewußten Entwicklung vorausgeeilt!

> »... Da sah ihn der starke Poseidon,
> Schüttelte zürnend sein Haupt und sprach in der Tiefe des Her-
> zens:
> So durchirre mir jetzo, mit Jammer behäuft, die Gewässer,
> Bis du die Menschen erreichst, die Zeus vor allen beseligt!
> Aber ich hoffe, du sollst mir dein Leiden nimmer vergessen.«
>
> (Od V, 375–379)

Poseidon schickt einen fürchterlichen Sturm,

> »verhüllt' in dicke Gewölke Meer und Erde zugleich;
> Und dem düsteren Himmel entsank Nacht.«   (Od V, 293–294)

Odysseus seufzt mit zitternden Knien:

> »Nun ist mein Verderben entschieden.«   (Od V, 305)

Er erfährt Zeus als den Unwettergott, wenn er ausruft:

> »Ha, wie fürchterlich Zeus den ganzen Himmel in Wolken
> Hüllt und das Meer aufregt!«   (Od V, 303/304)

Der Mensch erlebt in diesem Augenblick unmißverständlich,
daß der lichte, »menschenbeglückende« Zeus und der finstere
Poseidon derselbe Gott sind!

> »Wer nie sein Brot mit Tränen aß,
> Wer nie die kummervollen Nächte
> Auf seinem Bette weinend saß,
> Der kennt euch nicht, ihr himmlischen Mächte«,[45]

so spricht es *Goethe* in seinem Wilhelm Meister aus.

92

Auch Hiob erlebte den freundlichen, lebenserhaltenden Schöpfer-Gott als den nämlichen, der Krankheit, Leiden, Zerstörung und Tod schickt.

Was Odysseus bereits auf seiner weiten Irrfahrt wieder und wieder erfuhr, das treibt ihn nun noch einmal an den Rand der Verzweiflung. Er wird diese zwiegesichtige Gottes-Wirklichkeit auch in sich selber nie mehr vergessen!

Ein fürchterlicher Brecher stürzt auf das Floß nieder und zertrümmert ihm Steuer und Mastbaum. Das Floß kippt um, Odysseus gerät unter die Balken und lange bleibt er

> »untergetaucht und strebte vergebens,
> Unter der ungestüm rollenden Flut empor sich zu schwingen ...«
> (Od V, 319/320)

Endlich gelingt es ihm wieder, sein Floß zu erreichen. Ohne Steuer treibt er, den Wogen ausgeliefert, umher.

3. Leukothea

> »Aber Leukothea sah ihn ...
> ... und sprach mit menschlicher Stimme ...
> Tu nur, was ich dir sage ... spring in die Flut und schwimme ...
> Da, umhülle die Brust mit diesem heiligen Schleier,
> Und verachte getrost die drohenden Schrecken des Todes.
> Aber sobald du das Ufer mit deinen Händen berührst,
> Löse den Schleier ab und wirf ihn ferne vom Ufer
> In das finstere Meer, mit abgewendetem Antlitz!«
> (Od V, 333–350)

Mit abgewandtem Antlitz opfert man den Unterirdischen. Leukothea riet Odysseus, seine hemmenden Kleider abzuwerfen und seine letzte Sicherheit preiszugeben: spring ins Meer und schwimme! Man stelle sich vor, welchen Entschluß es für einen Menschen bedeutet, ein noch intaktes Floß zu verlassen, wenn er den Tod in den Wellen vor Augen hat! Solche Gedanken bewegte er nun in seinem »zweifelnden Herzen«:

>Weil die Balken noch fest in den Banden sich halten,
Bleib ich hier …
Aber wenn mir das Floß die Gewalt des Meeres zertrümmert,
Dann will ich schwimmen …«   (Od V, 361–364)

Der nächste Wellenberg zerschmettert das Floß. Nun endlich
zieht sich der grollende Poseidon zurück. Odysseus entledigt
sich der Kleider der Kalypso, sie vermögen ihm keinen Schutz
mehr zu gewähren. Statt dessen bindet er den Schleier der Leukothea wie einen Schwimmgürtel um die Brust. Dann läßt er
den letzten Balken fahren und springt ins Wasser.

Zehn Jahre sind vergangen, seit Odysseus zum letzten Mal die
Gegenwart seiner Schutzgöttin Pallas Athena wahrnahm. Jetzt
endlich ist sie wieder helfend um ihn. Sie bändigt die tosenden
Stürme und läßt nur noch den Nordwind wehen, der Odysseus
auf das ersehnte Gestade zutreibt. Er schwimmt zwei Tage und
zwei Nächte: Da glättet sich die See, der blaue Himmel leuchtet
über ihm, und er entdeckt ein nahes Ufer. Aber es erscheint un-
bezwingbar steil, er hört und sieht eine

>hohe, fürchterlich strudelnde Brandung.«   (Od V, 403)

Er fürchtet, an den Klippen zu zerschellen.

>Als er solche Gedanken in seinem zweifelndem Herzen beweg-
te…«
                                                  (Od V, 424)

wirft ihn die Woge schon dorthin.

>Hätte nicht Pallas Athena zu seiner Seele geredet«, (Od V, 427)

so wäre es um ihn geschehen gewesen. So aber ergreift er eine
Klippe und preßt sich daran. Als die See zurückrollt, läßt er sich
mit zerschundener Haut wieder hineinfallen.

»Jetzo wäre der Dulder auch wider sein Schicksal gestorben,
Hätt' ihn nicht Pallas Athena mit schnellem Verstande gerüstet.«
(Od V, 436/437)

So gelingt es ihm, die Steilküste zu umschwimmen und endlich
in einer Flußmündung Boden unter die Füße zu gewinnen.

»... Da ließ er die Knie sinken
Und die nervichten Arme, ihn hatten die Wogen entkräftet;
Alles war ihm geschwollen ... Der Stimme beraubt und des Atems,
Sank er in Ohnmacht hin, erstarrt von der schrecklichen Arbeit.«
(Od V, 453–457)

Als er wieder zu sich kommt, wirft er den Schleier der Meer-
Göttin hinter sich zurück ins Wasser. Er kriecht am Ufer empor
und wühlt sich unter dem schützenden Gezweig zweier Ölbäume in wärmendes Laub ein. Es sind ein wilder und ein veredelter Stamm. Dort schläft er sofort ein, Pallas Athena schließt ihm
die Augen.

Diesmal darf Odysseus schlafen, ohne daß ein Unglück geschieht. Seine törichten »Gefährten« spielen ihm keine Streiche
mehr. Er kann loslassen, weil Athena über ihm wacht, die Göttin, die aus dem Haupt des lichten Zeus entsprang und deren
Mutter die alte Erdgöttin Metis war. Wen Athena, die Repräsentantin des weiblichen Bewußtseins *und* des weiblichen See-
lenanteils des Mannes, begleitet, dem sind ein wacher Geist und
ein sicherer Instinkt gleichermaßen nahe. Nach einem über-
menschlichen Kampf ums Überleben versinkt Odysseus in eine
notwendige, tiefe Regression. Er schläft wie ein Toter.

Indessen er schläft, greifen wir die Frage nach der Göttin Leukothea[46] auf. Sie hieß einst Ino und war die Tochter des ersten
Königspaares von Theben, Kadmos und Harmonia. Sie wurde
die Frau des nächsten Königs, Athamas, und damit die Stiefmutter von dessen Kindern Helle und Phrixos. Ino war eine sehr
zwiespältige Gestalt. Sie trachtete Phrixos nach dem Leben,
wurde dann aber dessen Gericht übergeben. Da sie gleichzeitig

die gute Nährmutter des Dionysos gewesen war, errettete sie dieser Gott vom Tode. Als sie sich mit einem ihrer Söhne ins Meer stürzte, wurde sie nach dem Willen des Dionysos in die Göttin Leukothea verwandelt, die allen Schiffbrüchigen hilft. Sie wurde also von einer feindlichen in eine hilfreiche weibliche Gestalt verwandelt. So gesehen könnte sie ein verdichtetes Bild für viele der verschlingenden, festhaltenden, verzaubernden, tötenden *und* schließlich hilfreichen Frauengestalten sein, mit denen sich Odysseus bisher auseinanderzusetzen hatte. Die fürchterliche Königin der Laistrygonen, die verschlingenden Ungeheuer Skylla und Charybdis, die verlockenden aber mörderischen Sirenen verkörperten den gänzlich negativen weiblichen Aspekt. Kirke und Kalypso verwandelten sich in der persönlichen Beziehung zu Odysseus in weiterweisende, hilfreiche oder wenigstens wieder loslassende Anima-Gestalten. Leukothea, die ursprünglich auch Züge der Göttin Demeter trägt (sie ließ im Groll gegen ihre Nebenbuhlerin eine Saat verdorren), hatte ebenfalls eine Verwandlung in eine neue Gestalt durchgemacht, und zwar durch ihre Beziehung zu Dionysos, der alles Erstarrte belebt.

Beim Namen der Leukothea taucht eine weitere Assoziation auf: daß sie etwas mit den weißen Schaumkronen der Meereswogen zu tun hat, aus welchen in Urzeiten die große Göttin der Liebe, Aphrodite, emporstieg.

Während der zehn Jahre seiner Irrfahrt war Odysseus von seiner eigentlichen Schutzgöttin Pallas Athena wie verlassen – doch hatten nicht die genannten weiblichen Wesen insgeheim doch mit Athena zu tun? Denn auch Athena ist nicht nur »licht« und »klug«. Wer ihr von Schlangen umzüngeltes Gewand und die Aigis mit dem schrecklichen Gorgonenhaupt auf ihrem Schild ernst nimmt (wie sie auf vielen Bildern und in dem berühmten Standbild auf der Akropolis in Athen zu sehen ist), der wird sie vollständiger sehen. Wir können annehmen, daß sie latent die Eigenschaften aller genannten übrigen weiblichen Gestalten in sich trägt.

Unter dieser Voraussetzung dürfen wir vermuten, daß Odysseus während seiner Irrfahrten die polare Wirklichkeit nicht nur der männlichen, sondern auch der weiblichen Gottheit kennenlernte. Leukothea tritt genau in dem Augenblick in Erscheinung, in welchem sich der finstere Poseidon zurückzieht. Der ausgestandene, ausgehaltene männliche Schatten ruft die helfende Anima-Gestalt auf den Plan.

»Wo aber Gefahr ist, wächst das Rettende auch«, sagt *Hölderlin*[47].

Der verhüllende Schleier, den er der im Tode Verwandelten mit abgewandtem Gesicht zurückerstattet, hat Odysseus selbst vom Tode errettet. Es ist der nämliche Schleier, mit dem die Göttin Isis in den spätantiken Mysterien verhüllt ist. Der Schleier, der die nackte Weiblichkeit vor den Blicken der unvorbereiteten Menschen verhüllt, wird zur rettenden Hülle des Mannes. Doch jetzt, nachdem Odysseus die schützenden Kleider und Binden der Kalypso und der Leukothea von sich warf, ist er nackt wie ein neugeborenes Kind, das die letzten mütterlichen Eihäute abgestreift hat. Erst von da an kann er ganz er selber sein.

Von nun an zeigt sich Athena ihrem Schützling wieder in ihrer wahren Gestalt. Nach der Hadesfahrt und dem Schiffbruch in der Charybdis ist ja auch Odysseus ein mehrfach Geborener, ein Eingeweihter. Athena greift wieder aktiv in das Schicksal des Irrfahrers ein, des Menschen mit der neu erwachten Vernunft der griechischen Kulturepoche. Zur Vollständigkeit dieser Vernunft, so sehen wir, gehört die Erfahrung der Tiefendimension des Menschen und seines Gottesbewußtseins. Der einseitig rationale Verstand (Intellekt) bliebe ohne diese Erfahrung der Dimension des noch unplastisch Flachen, dem Oberflächlichen verhaftet.

Odysseus hat 24 Stunden geschlafen und vielleicht von den vergangenen Erlebnissen seiner Reise geträumt. Jetzt befindet er sich auf der Insel Scheria im Lande der Phaiaken. Das ist die

zwölfte und letzte Station seines Weges auf der Suche nach der Heimat.

Die Phaiaken sind ein seltsames Volk. Sie leben

12. Station
Die Phaiaken

> »… sehr geliebt von den Göttern … abgesondert
> Im wogenrauschenden Meer, am Ende der Welt und haben mit
> Keinem Gemeinschaft.«   (Od VI, 203–205)

Sie sind friedliebend, sie

> »kümmern sich nicht um Köcher und Bogen«.   (Od V, 270)

Ringkampf und Faustkampf sind ihnen unwichtig, aber sie sind glänzende Läufer und

> »ihre Schiffe sind hurtig wie Flügel und schnell wie Gedanken«.
>   (Od VII, 36)

In der Kunst des Schiffbaus, der Seefahrt und des Webens ist ihnen Athena nahe. Bei ihnen ist noch die Verwandten-Ehe üblich. Die Königin Arete

> »ward von denselben Ahnen gezeugt, von welchen König Alkino-
> os herstammt«.   (Od VII, 54/55)
> »Die einzige Tochter, Arete«,

seines Bruders nahm Alkinoos zur Gemahlin (Od VII, 65/66), also seine Nichte ersten Grades. Der Name der Arete hat die Bedeutung: die Tüchtige[48]. Diese Königin hat eine hohe Stellung im Volk und im Rat.

> »Sie entscheidet selbst der Männer Zwiste mit Weisheit.«
>   (Od VII, 74)

Odysseus wird von Nausikaa, der Königstochter, empfohlen, sich zunächst an Arete zu wenden. Dabei wird man erschrek-

kend an die Ereignisse im Land der Laistrygonen erinnert. Zwar herrscht bei den Phaiaken kein ausgesprochenes Matriarchat, doch scheinen sie dieser archaischen Gesellschaftsform in positiver Weise noch nahe zu stehen. Sie pflegen eine enge Gemeinschaft mit den Göttern, mit welchen sie bei ihren Festen zu Tische sitzen wie die alten Heroengeschlechter.

Die Götter

>»erscheinen uns stets in sichtbarer Bildung«,   (Od VII, 201)

so berichtet der König Alkinoos,

>»denn wir sind ihnen so nahe wie die wilden Kyklopen und ungezähmten Giganten.«   (Od VI, 205/206)

Gleichzeitig erfährt man aber auch, daß die Phaiaken sich von dem Volk der Giganten trennen mußten und von diesen auf ihren jetzigen Wohnsitz auf der Insel Scheria verdrängt wurden. Man kann die Phantasie hegen, daß die Phaiaken einst die paradiesisch schöne und fruchtbare Insel bewohnten, die der Kyklopeninsel vorgelagert war und an der die Flotte des Odysseus einst vor Anker ging.

Welche Ereignisse der dorischen oder einer vordorischen Wanderung sich hinter diesem Bericht verbergen, ist für unseren Zusammenhang nicht so wichtig wie die Tatsache, daß die feinsinnigen Phaiaken ihre Wurzeln noch in einer grauen, undifferenzierten Vorzeit haben. Der Bogen des Menschlichen schließt sich: Kyklopen und Giganten leben *noch* auf paradiesischen Inseln. In ihrer grobschlächtigen Naivität ist für die einäugigen Kyklopen Gut und Böse noch nicht geschieden. Die ethisch hochstehenden, friedliebenden Phaiaken bilden den anderen Pol. Leben sie noch im Paradies oder haben sie bereits den Zustand der »zweiten Naivität«, der echten Weisheit erreicht? Das bleibt unausgesprochen. Es wird hier nur das eine deutlich, daß der Tölpel und der Weise der gleichen Wurzel entstammen!

Zu diesen Menschen hat es Odysseus verschlagen. Athena lenkt die Königstochter Nausikaa an den Strand, um Wäsche zu waschen. Das Mädchen dachte dabei irgendwie an eine bevorstehende Hochzeit, scheute sich aber, diesen Gedanken vor ihrem Vater auszusprechen. Alkinoos schmunzelte innerlich, er scheint kein festhaltender Vater gewesen zu sein.

> »Der aber merkte alles und erwiderte ihr mit den Worten:
> »Weder verweigere ich dir die Maultiere, (für den Wagen) Kind,
> noch irgend etwas anderes.«« (Schadewaldt, Od VI, S. 103)

Nun hilft Athena nach, indem sie die Mägde der Nausikaa beim Ballspiel laut werden läßt[*]. Vom Lachen und Schreien der Mädchen erwacht Odysseus. Vorsichtig lugt er aus seinem Gestrüpp hervor und erblickt die Königstochter samt ihren Mädchen, die bereits ihre Arbeit beendet haben. Zunächst schreitet er, nur mit einem Zweig seine Blöße deckend, »wie ein Berglöwe« direkt auf die Gruppe zu. Er sieht wohl recht struppig, verwegen und verwahrlost aus. Sämtliche Mägde fliehen. Nur die Trägerin des königlichen weiblichen Bewußtseins, Nausikaa, hält ihm stand.

> »Und sie hielt sich und stand ihm gegenüber[49]. «

Odysseus überlegt, wie er sich nahen soll. Mit Muttergestalten, mit Ungeheuern, Hexen und Zauberinnen besitzt er Erfahrung. Hat er auch gelernt, wie ein Mann mittleren Lebensalters sich zu einem jungen Mädchen verhält? Nausikaa hat zwar ihre ganz schüchternen, verhohlenen Gedanken an eine spätere Heirat, aber sie denkt nicht daran, Odysseus in Besitz zu nehmen, wie etwa Kirke oder Kalypso. Dazu ist sie noch viel zu scheu und unerfahren. Odysseus ist von der schönen Gestalt und dem mutigen, edlen Auftreten des Mädchens sichtlich beeindruckt, aber er weiß, daß diese »Tochter« nicht für ihn bestimmt ist. Auch, als ihm später die Möglichkeit einer Heirat angetragen wird, geht er darauf nicht ein. Vielmehr überlegt er, und sicher nicht nur aus schlauer Berechnung, wie er sich verhalten soll. Er fürchtet,

Nausikaa

[*] Odysseus hatte sich zum Schlafen im Laub unter dem Gezweige zweier Ölbäume verkrochen. Es waren ein wilder und ein veredelter Stamm. Der Ölbaum ist die Gabe seiner Schutzgöttin an die Griechen. Nachdem er die Bedrohung durch seinen (und der Göttin) Widersacher, Poseidon entronnen war, fand er symbolisch Schutz in den Armen der Athena. Günter Dietz (1971, S. 21) weist außerdem darauf hin, daß der Olivenbaum der Lebensbaum des Odysseus ist, an dessen Wurzeln, wie »bei allen kosmischen Lebensbäumen der Ort des Todes und der Wiedergeburt ist«. – Etwa vergleichbares gilt z. B. auch für das Märchen von dem Machandelbaum (Grimm.K.H.M Nr. 47): dort werden die Gebeine des toten Bruders beigesetzt, dort geschieht die Verwandlung in den Seelenvogel, und dort erscheint zuletzt wieder die reale Gestalt des »lütten Jungen«, nachdem dieser seine Verwandlung bestanden hat.

100

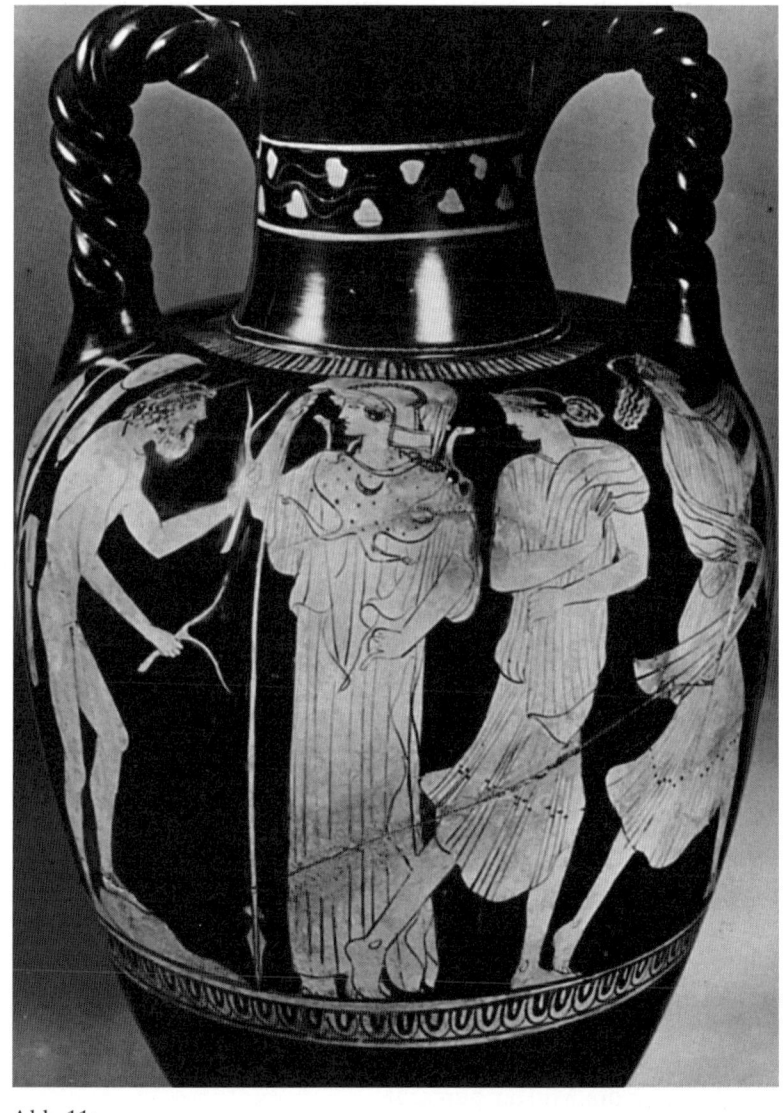

Abb. 11:
Odysseus begegnet Nausikaa, die ihm standhält. Die Mägde fliehen. Odysseus sieht hier »durch das Bild der Athena hindurch« in der menschlichen Jungfrau das Abbild der Göttin.

das Mädchen zu erschrecken, wenn er, sie berührend, ihre Knie umfaßt, um ihr seine Bitte als Schutzflehender vorzutragen. Er entschließt sich vielmehr zur *Distanz*. Aus einer ihm passend erscheinenden Entfernung sagt er ihr eine Menge an Schmeicheleien, die ein Mädchenherz sehr wohl betören könnten. Aber er hält den Abstand ein und erreicht damit, daß nicht nur Nausikaa ihm vertraut, sondern auch ihre »Gefährtinnen«. Er badet, salbt sich, erhält ein Gewand und erscheint danach nicht mehr als furchterregender Waldschratt oder wilder Meer-Mann, sondern

> »Athena, die Zeusentsprossene, machte ihn größer und
> Voller anzusehen und ließ ihm von dem Haupte kraus die
> Haare fallen, einer Hyazinthenblume ähnlich.«
> (Schadewaldt, Od VI, S. 108/109)

Nausikaa ist entzückt:

> »Vorher erschien er mir garstig zu sein,
> Jetzt aber gleicht er den Göttern ...
> Wenn doch ein solcher mein Gatte heißen möchte ...«
> (Schadewaldt, Od VI, 109)

Sie wird sich in der klug eingehaltenen Distanz ihrer Gefühle erst sicher. Aber auch sie spürt, daß Nähe noch nicht der richtige Ausdruck wäre, dazu ist es noch nicht an der Zeit. Welch sicherer Instinkt spricht aus dem beiderseitigen Verhalten des reifen Mannes und des jungen Mädchens! Sie freuen sich aneinander, aber sie sind nicht füreinander bestimmt, zwischen ihnen liegt eine ganze Generation.

Nausikaa versieht den Fremdling mit Nahrung und bricht dann nach Hause auf. Odysseus empfiehlt sie, im Abstand zu folgen und eine Rast im Hain der Athena vor der Stadt einzulegen. Alsdann soll er nach dem Palast ihres Vaters fragen, in welchem gleichwertig die Mutter herrscht.

Palast und Garten des Herrscherspaares werden paradiesisch schön beschrieben. Doch ehe er sich dorthin begibt, setzt sich

Odysseus bei sinkender Sonne im Hain seiner Schutzgöttin nieder und betet zu ihr:

> »Höre mich endlich einmal, da du vormals nimmer mich hörtest,
> Als der gestadeumstürmende Gott mich zürnend umherwarf!«
>
> (Od VI, 325–326)

Athena hört ihn,

> »aber noch erschien sie ihm nicht, denn sie scheute«
>
> (Od VI, 329)

den dunklen Poseidon, der Odysseus weiter zürnte, obwohl er ihm nichts mehr anhaben konnte. (Die »Anima« scheut sich stets vor dem »Polterer« im Mann, weil der »Wilde Mann« keine differenzierten Gefühle entwickeln oder gar zeigen kann, welche die Merkmale einer kultivierenden Anima sind.)

Darum hielt Athena sich klug zurück. Aber sie umgibt ihren Schützling mit einem verbergenden Nebel, bis er den Palast und die Königin Arete erreicht hat. Nun läßt sie ihn in schöner Gestalt erscheinen und als Unbekannter wird er gastfreundlich aufgenommen. Ein Fest wird zu seinen Ehren gegeben.

Ein Sänger besingt den trojanischen Krieg. Es werden Wettkämpfe ausgetragen – und es zeigt sich, daß auch die Phaiaken keine fehlerfreien Menschen sind. Ein Sohn des Alkinoos beleidigt Odysseus in jugendlicher Hybris. Aber er entschuldigt sich und versöhnt den Gast, man geht auf reife, menschliche Weise miteinander um. Odysseus schleudert einen großen Stein-Diskos und erwirbt damit die Achtung aller.

Wir erfreuen uns nun der Beschreibung eines wahrhaft traumhaften Ball-Tanzes zweier phaiakischer Jünglinge:

> »Diese nahmen sogleich den schönen Ball in die Hände
> Welchen Polybos künstlich aus purpurner Wolle gewirket.

> Einer schleudert' diesen empor zu den schattigen Wolken,
> Rückwärts gebeugt; dann sprang der andere hoch von der Erde
> Auf und fing ihn behend‹, ehe sein Fuß den Boden berührte.
> Und nachdem sie den Ball gradauf zu schleudern versuchet,
> Tanzten sie schwebend dahin ...«   (Od VIII, 372–378)

Odysseus ist begeistert, und wir können mit ihm diesem span-
nungsgeladen-schwerelosen Spiel zusehen: Ist es der Purpurball
des Eros, den die Jünglinge im Lande der Knabenliebe haschen,
oder ein Reigen mit den Sternen? Alle Not, alle Leiden des
Odysseus scheinen in diesem Augenblick vergessen.

Er empfängt kostbare Gastgeschenke. Dann fragt ihn Alkinoos:
W e r   b i s t   d u ?

> »Sage mir auch dein Land und dein Volk und deine Geburtsstadt.
> Daß, dorthin die Gedanken gelenkt, die Schiffe dich bringen.
> Denn der Phaiaken Schiffe bedürfen keiner Piloten,
> Nicht des Steuers einmal, wie die Schiffe der übrigen Völker,
> Sondern sie wissen von selbst der Männer Gedanken und Willen,
> ... und durchlaufen geschwinde die Fluten des Meeres,
> *Eingehüllt in Nebel und Nacht ...* «   (Od VIII, 555–562)
> »... Allein, du wirst indessen liegen und schlafen.« (Od VII, 318)

Alkinoos fragt weiter:

> »Sage mir auch, was weinst du und trauerst so herzlich,
> Wenn von der Achaier und Ilions Schicksal du hörest?«
>   (Od VIII, 577–578)

Wer bist du, und welches Schicksal hat dich geprägt? Wenn du
dir darüber im klaren bist und es auszusprechen vermagst, dann
gelangst du von selber »im Schlafe« nach Hause, zu dir selbst.

Alkinoos veranlaßt durch seine teilnehmende Frage Odysseus,
zum ersten Mal seine ganze Geschichte zu erzählen, und zwar
so, wie sie wirklich war, ohne listige Erfindungen und Ablen-
kungsmanöver. Das muß wie eine Katharsis gewirkt haben.[50]
Bei sinkender Sonne verabschiedet sich Odysseus von seinen

Freunden. Dann streckt sich der sonst so mißtrauische Mensch entspannt und beruhigt im Schiff der Phaiaken aus.

»Und ein sanfter Schlaf bedeckte die Augen Odysseus‹,
Unerwecklich und süß, und fast dem Tode zu gleichen.«
(Od XIII, 79/80)

Eine tiefe, heilsame Regression kommt nochmals über ihn. Plötzlich hat sich alles gelöst. Im Augenblick sind keine Kämpfe mehr nötig. Er kann sich der letzten Fahrt so überlassen wie auf dem Weg zur Unterwelt: ohne Steuer und ohne Piloten. Wenn die Zeit dafür reif ist, findet das Lebensboot von selber den richtigen Weg. Wie in einer Traumerleuchtung landet er in der Heimat, ohne daß er es merkt.

Die Fahrt verlief in Richtung Sonnenaufgang.

»Als nun östlich der Stern mit funkelndem Schimmer emporstieg,
Welcher das kommende Licht der Morgenröte verkündet,
Schwebten sie nahe der Insel ...« (Od XIII, 93–95)

Dort, auf Ithaka, in der Nähe einer den Nymphen geheiligten Grotte, wird der Schlafende mit allen Gaben niedergelegt.

Die Phaiaken eilen zurück, wie sie gekommen waren. Man erfährt noch, daß die Wirksamkeit dieses helfenden, heilenden Geistervolkes nicht mehr unbegrenzt weiter sprudelt. Sie wissen darum – aber:

»der Gott vollende nun solches oder vollende es nicht«,
(Od VIII, 570/571)

was kümmert es uns? – Die schöpferische Phantasie des Menschen vermag noch im Untergang ihre Bahnen zu ziehen, sie fragt nicht danach, ob sie sich schonen müsse, um länger zu leben. Sie vermag aber einen Menschen im letzten Augenblick vor seinem Tode zu heilen – oder ihm nochmals zu neuem Leben zu verhelfen.

Poseidon machte diesmal seine Drohung wahr, die er vor langer Zeit gegen die Phaiaken ausgesprochen hatte, obwohl sie

»Söhne aus meinem Geschlecht sind«,   (Od XIII, 130)

nämlich, daß Schiff und Insel dieses Volkes einmal auf einer seiner Fahrten zu Stein erstarren werden. Die Phaiaken hatten an Odysseus zum letzten Mal ihre Wirkung entfaltet. Dieses hilfreiche »Elfenvolk« gehört nun der Vergangenheit an. Ein neues Zeitalter ist angebrochen.

VI. Das Ziel der Reise

Odysseus ruht noch lange Zeit, bis er aus seinem tiefen Schlaf erwacht. Währenddessen wenden wir uns dem jungen Telemach zu, den Athena aus seiner Unentschlossenheit aufzurütteln versucht. Als sie sich vom Olymp nach Ithaka begab, teilte sie ihm als erstes mit, daß sein Vater noch lebte. Der Sohn war ohne Vater aufgewachsen. Außer Mentor, der ihn betreute, hatte er kein männliches Vorbild. So mag er oft geklagt haben: Wenn mein Vater hier wäre, dann sähe alles anders aus. Einseitig war er an die Mutter gebunden. Das Bild des abwesenden Vaters erstrahlte ihm unerreichbar und in schattenlosem Glanz. Wenn ihm nun Athena verkündete: »er lebt noch« (Od I, 198); so bedeutet das einen ersten Ansatz zur Realität. Er vernimmt die aufrüttelnden Worte

> »fürder geziemen Kinderwerke dir nicht«, (Od I, 296/297)

und

> »sorge nun selber für dich!« (Od I, 305)

Als sie

> »wie ein Vogel durch den Kamin«

entflog,

> »goß sie dem Jüngling Kraft und Mut in die Brust«. (Od I, 320)

Die ersten Versuche des Telemach, sich durchzusetzen und die Freier aus dem Hause zu jagen, wirken noch recht unbeholfen. Entsprechend erntet er nichts als Hohn ob seines ungewohnten Auftretens (Od I, 359–397).

Athena aber bringt den Unsicheren weiter auf den Weg: Er soll von Ithaka fortfahren und sich bei Männern über das Schicksal seines Vaters erkundigen, die mit ihm gemeinsam gelebt und gekämpft haben. Danach beruft der Sohn die erste Volksversammlung seit der Abreise seines Vaters ein. Er tritt mit dem

Zepter in der Hand als König auf (Od II, 37). Er verkündigt die Absicht seiner Fahrt, aber er weiß nicht, wie er diese durchführen kann. So erntet er wiederum Spott:

>>Die Reise vollendet er nie!<<   (Od II, 257)

Wiederum greift Athena ein:

>>Jüngling, du mußt dich hinfort nicht feige betragen noch töricht.<<
(Od II, 271)

Sie besorgt ihm ein Schiff, sie begleitet ihn selber in Mentors Gestalt und übernimmt das Steuer. Die Fahrt geht erst zu Nestor nach Pylos, dann zu Menelaos nach Sparta. Diese Reise, die er ohne Wissen der Mutter unternimmt, bringt Telemach seiner eigenen Identität einen Schritt näher. Er erfährt, wie sein Vater war, wie er aussah und wie ähnlich seine eigene Gestalt derjenigen des Odysseus sei. Er gewinnt Nestors Sohn Peisistratos zum Freund. Während er mit diesem Begleiter weiter nach Sparta fährt, fliegt Athena als Adler zurück, um die um ihren abwesenden Sohn trauernde Penelope durch einen Traum zu trösten.

In Sparta erleidet Telemach bei dem Bericht über seines Vaters Taten nochmals einen Schwächeanfall und versinkt in Tränen. Diesmal hilft die schöne Helena mit einem Mittel, welches sie dem Jüngling in den Wein gießt, wohl wissend, wie ihre Zauber auf Männer wirken und

>>Kummer und Groll und aller Leiden Gedächtnis<<   (Od IV, 221)

aus deren Herzen tilgen.

Die Freier beschließen inzwischen, den unbequem werdenden Telemach aus dem Wege zu räumen. Wieder greift Athena lenkend ein. Sie führt das Schiff des Sohnes vom Hafen fort in eine andere Bucht und gibt ihm ein, vor seiner Rückkehr den Schweinehirten Eumaios zu besuchen, bei welchem soeben

Odysseus angekommen war. Die Göttin hat durch die vorangegangene Reise den Sohn auf den Vater vorbereitet. Nun wird er die Begegnung mit seinem realen Vater aushalten und an dessen Seite ein wirklicher Mann werden. Mit ihm gemeinsam wird er die hundert Freier besiegen. Dieses Ereignis wird für Odysseus, Telemach und Penelope jeweils seine besondere Bedeutung haben.

Odysseus war auf der Fahrt im Schiff der Phaiaken zum letzten Mal den Nachtweg der Sonne durchs Meer gefahren. Jetzt ist er am Ziel seiner Reise angelangt und liegt noch einmal vor oder in einer »Geburtshöhle«, in welcher die schicksalswirkenden

> »... Nymphen webten auf langen steinernen Stühlen
> Feiergewande mit Purpur gefärbt, ein Wunder zu schauen«.
> (Od XIII, 107/108)
> »... Da erwachte der edle Odysseus,
> Ruhend auf dem Boden der lange verlassenen Heimat.
> *Und er erkannte sie nicht...*« (Od XIII, 187–189)

Es scheint, als habe Odysseus wirklich geschlafen, seit die letzte Woge ihn an Land warf. Er ist noch ganz in seinem Traum vom Land der Phaiaken befangen. Er ist desorientiert wie ein Mensch, der nach einer langen Krankheit wieder zum Leben erwacht; vielleicht wie einer, der eine neue Ebene seines Seins erreicht hat und sich dort noch gar nicht auskennt, diesseits oder jenseits.

Er befindet sich am Ziel seiner sehnlichsten Wünsche, am Ziel dessen, was ihm im Augenblick, auf der jetzigen Entwicklungsstufe möglich ist, und er fragt sich enttäuscht: soll es *das* nun sein? Er ist auf einer griechischen Insel gelandet, deren es Dutzende gibt. War denn das Ziel seiner Sehnsucht nicht ein ganz Unverwechselbares, nur ihm allein zugehörig? Nun sieht es so ähnlich aus wie viele andere auch, ganz »gewöhnlich«! Odysseus vermag es nicht zu glauben, er benötigt Hilfe, die Hilfe der weiblichen Weisheit der Göttin Athena.

Sie begegnet ihm in der Gestalt eines jugendlichen Hirten und teilt ihm mit, wo er sich befinde. Der mißtrauische Odysseus erzählt ihr sofort einen langen Lügenroman.

> »... Da lächelte Zeus' helläugige Tochter,
> Streichelte ihn mit der Hand, und schien nun plötzlich ein Mädchen.« (Od XIII, 287/288)

Weiter spricht sie:

> »Also gebrauchst du noch selbst im Vaterlande Verstellung
> und erdichtete Worte, die du als Knabe schon liebtest?«
> (Od XIII, 294/295)

Aber sie gibt ihm Recht: Nur im wirklichen »Vaterland«, nur im innersten Kreis der Vertrautheit kann ein Mensch rückhaltlos offen sein. Je weiter die Kreise der Person nach außen reichen, desto mehr an Anpassung, ja Verstellung des Eigenen kann unerläßlich werden, bis hin zur Lüge. Das ist ein Gesetz der Unterscheidung von Nähe und Ferne, ein Gesetz der Differenzierung im zwischenmenschlichen Bereich.

Endlich erkennt Odysseus seine Schutzgöttin wieder:

> »Schwer, o Göttin, erkennt dich ein Sterblicher, dem du begegnest,
> Sei er auch noch so geübt, denn du nimmst jede Gestalt an.«
> (Od XIII, 312/313)

Lange

> »hab' ich dich nicht mehr gesehen« (Od XIII, 318)

in all meiner Drangsal.

Er vermochte Athena in ihren vielen Verwandlungen während der langen Irrfahrt nicht zu erkennen. Wie sollte die Lichte, Kluge auch in der scheußlichen Skylla verborgen sein? Seine schützende, helfende Seelengottheit antwortet ihm:

>Darum kann ich dich auch im Unglück nimmer verlassen,
Weil du behutsam bist, scharfsinnig und männlichen Herzens.«
(Od XIII, 331/332)

Sie gibt ihm zu erkennen, daß sie immer bei ihm war, auch wenn er sie nicht wahrnehmen konnte. So tröstet sie ihn und zerstreut den Nebel um ihn, um ihm zu zeigen, daß er wirklich daheim ist. Sie verhilft ihm zu neuer Orientierung, da, wo die Ratio versagte.[51]

Gemeinsam sitzen sie unter dem heiligen Ölbaum der Göttin. Athena berichtet ihm über die Lage im Palast und gibt ihm Ratschläge, wie er sich am besten verhalten solle. Dann macht sie sich auf den Weg nach Sparta, um Telemach von seiner Reise zurückzurufen. Sie berührt Odysseus mit einer Rute

>Siehe, da schrumpfte das schöne Fleisch der biegsamen Glieder.«
(Od XIII, 428).

Odysseus erscheint als zerlumpter Greis mit Glatze und Triefaugen. So begegnet er seinem treuen Diener *Eumaios,* dem obersten der Schweinehirten.

Bei den Schweinen wird der verkappte König freundlich aufgenommen.

Er tischt auch dem »göttlichen Sauhirten« zunächst seine Lügengeschichte auf, um ihn zu erproben.

Am nächsten Tag trifft *Telemach* ein, dem die Freier nach dem Leben trachten. Durch Athena gelenkt, verläßt er sein Schiff an der Bucht des Eumaios und begibt sich allein dorthin. *Hier treffen sich Vater und Sohn.*

Odysseus, der greise Bettler, steht vor seinem Sohn auf, um ihm Platz zu machen. Er *spielt* seine Rolle nicht nur gut, sondern sie ist ihm als wichtige Einübung aufgegeben.

Abb. 12:
Odysseus als Bettler

Später führt Eumaios Odysseus in seiner Bettlergestalt in die Stadt. Dort setzt er sich in lumpigem Gewand an die Schwelle seines eigenen Palastes, wo er Spott und Hohn über sich ergehen läßt. Als er sich *zu* schüchtern verhält, fordert Athena ihn auf, bei all den jungen Männern, den Freiern, die da sein Gut verprassen, reihum zu gehen und sie um Brosamen für seinen Bettelsack zu bitten.

Ein *Bettler* ist ja nicht nur ein Mensch, der nichts besitzt. Er ist auch arm, weil er andere um etwas bitten muß. Solange man über jugendliche Kraft verfügt, hat man keine fremde Hilfe nötig. Nur kleine Kinder, Kranke und alte Menschen sind darauf angewiesen, daß ihnen ein »Platz« am Tische der Starken, im Omnibus, in der Bahn, bei den eigenen Kindern und Enkeln eingeräumt wird. Dieses Bittenmüssen um etwas Selbstverständliches fällt manchem sehr schwer; es gehört zu dem, was im Altwerden neu gelernt werden muß und was wiederum ein Ausdruck der notwendigen menschlichen Bescheidung ist. Selbst ein übles Gezänke mit einem anderen Bettler muß Odysseus austragen.

Odysseus hat auf vielen Durchgangsstufen gelernt, sich zu bezähmen, nicht seinem Zorn, nicht einem augenblicklichen Einfall oder Begehren nachzugeben. Als er jetzt die Unverschämtheiten mit ansieht, die sich die Freier in seinem Palast herausnehmen, da

> »... im Inneren bellte sein Herz ihm...«   (Od XX, 13)
> »Aber er schlug an die Brust und sprach die zürnenden Worte:
> *Dulde* mein Herz, du hast noch härtere Kränkung erduldet...«
>   (Od XX, 17/18)
> »Also strafte der Edle sein Herz in dem wallenden Busen;
> Und sein empörtes Herz ermannte sich schnell und harrte
> Standhaft aus...«   (Od XX, 22–24)

Odysseus hat etwas gelernt, als er am Mastbaum seines eigenen Schiffes angebunden stand. Nun vermag er sich selber zu »binden« und standhaft aufrechtzubleiben, auch als alter zerlumpter

Bettler. Seine ungestalten »Gefährten« haben sich durch ihren »Tod« zur reifen Männlichkeit ihres Bewußtseinsträgers gewandelt.

In der Hütte des Sauhirten Eumaios haben sich Vater und Sohn und die Hirten viel erzählt und wenig geschlafen. Odysseus erkennt seinen Sohn, aber Telemach weiß nicht, daß der Alte sein Vater ist. Als nun Eumaios in die Stadt aufbricht, um der Königin die glückliche Heimkehr des Telemach aus Sparta zu melden, sind Vater und Sohn allein. Da erscheint Pallas Athena vor der Türe der Hütte. Odysseus bemerkt ihre Anwesenheit sofort, auch die Hunde reagieren. Nur Telemach nimmt nichts wahr. Die Göttin winkt den Bettler heraus.

> »Rede mit deinem Sohn und gibt dich ihm zu erkennen ...
> (Od XVI, 168)
> Also sprach die Göttin und rührt' ihn mit der goldenen Rute ...«
> (Od XVI, 172)
> »Mit Staunen erblickte der Sohn ihn,
> Wandte die Augen hinweg und fürchtete, daß er ein Gott sei.«
> (Od XVI, 178/179)

Athena hatte dem Bettler für Augenblicke seine frühere Gestalt zurückgegeben: schön gekleidet und

> »Hoheit schmückt' ihn und Jugend«, (Od XVI, 174)

dichte und dunkle Locken und ein Vollbart verstärken den Eindruck.

Der erste Eindruck, den ein Sohn von seinem Vater hat, ist so: groß, schön, stark, »göttergleich«.

Odysseus aber redet dem Jungen zu:

> »...Ich bin kein Gott, ...sondern ich bin dein Vater.«
> (Od XVI, 187/188)
> »Deinen ... Vater mußt du nicht allzusehr anstaunen oder bewundern.«
> (Od XVI, 202/203)

Das Bild eines im Krieg gefallenen oder vermißten Vaters, welches nie durch den Alltag und dessen ernüchternde Begebenheiten korrigiert werden konnte, behält derart ideale Züge. Manches Kind, dessen heiß ersehnter Vater dann plötzlich als zerlumpter »Heimkehrer« vor der Türe stand, sagte enttäuscht oder verächtlich: »Der fremde Mann soll wieder fortgehen, den wollen wir nicht haben!«

Telemach hatte auch den Zerlumpten nicht von der Türe gewiesen. Der Gast war ihm heilig. Auch wußte man zu jener Zeit noch, daß zuweilen die Himmlischen in Gestalt eines Bettlers bei den Menschen anklopfen.

Der Sohn Telemach aber, der den Vater nun göttergleich vor sich sieht, ist zutiefst erschrocken. Alle seine männlichen Minderwertigkeitsgefühle erwachen ihm gegenüber. Der Sohn galt ja als schwächlich und wenig durchsetzungsfähig. Eben erst war er zum ersten Mal selbständig auf Reisen gewesen. Vorher war er gewohnt, von allen bespöttelt zu werden. Wie soll er nun an der Seite dieses herrlichen Vaters bestehen?

Odysseus hilft dem Sohn vorbildlich. Er zeigt ihm, daß der »Bettler« und der »Göttergleiche« derselbe Mensch sind. Vor allem aber ruft er ihn zu seinem Genossen und Mitarbeiter auf. Sie schmieden ihren Plan, wie sie im Palast alles einfädeln und die aufsässigen Freier bestrafen wollen. Telemach wird von seinem Vater insbesondere zu der männlichen Tugend der Verschwiegenheit aufgefordert. Sichtlich wächst der Sohn an der Seite seines Vaters. Er hält es aus, daß Odysseus wieder zum häßlichen Bettler wird, und sie begeben sich getrennt zum Palast.

Telemach und Odysseus haben gemeinsam zu bestehen, daß der verkappte König von den Freiern mit abgenagten Knochen und mit Schemeln beworfen wird. Odysseus weicht geschickt den wahrhaft nicht zimperlichen Würfen der Jünglinge aus.

Doch oft genug treffen solche Geschosse der Jungen die Alten schmerzhaft am Punkt ihrer psychischen Verletzbarkeit. Das sind herbe Erfahrungen zwischen Vätern und Söhnen, zwischen Müttern und Töchtern. Die Versuchung, sich zu wehren, ist groß, die Versuchung, verbittert zu schweigen, nicht geringer. Denn die Kränkung bringt den Alten ja oft deutlich ins Bewußtsein, wo sie selber versagen und wo ihre unvollkommenen, schwachen Stellen bloßliegen.

»Dulde, mein Herz« heißt nicht nur: Laß dich nicht durch die unverschämten, ungehobelten Jugendlichen treffen; es heißt ebensosehr: Ja, irgendwo haben sie recht, und ich muß mich selber in meiner Unvollkommenheit so aushalten, wie ich bin. Die Versuchung zur Rechtfertigung und jene zur Verzweiflung an sich selber liegen gleich nahe. »Dulde, mein Herz, daß du so bist, wie du bist« – das wäre die schwere Antwort des wirklich gereiften Alters.

Schon zu Beginn der Betrachtung wurde die Frage vorgelegt, ob die Schar der Freier *auch* etwas mit dem Jüngling Telemach zu tun haben könnte. Aus der objektiven Sicht des Epos stimmt das natürlich nicht. Telemach ist empört über die frechen jungen Männer, denen er sich nicht gewachsen fühlt. Aber: mancher schüchterne Junge träumt sich als Räuberhauptmann, oder er fühlt sich durch seine »Schatten«-Figuren in menschlicher oder animalischer Gestalt geängstigt, wenn sie ihn im Traum bedrängen und verfolgen. Er ahnt nicht, daß es sich dabei um Anteile seiner noch nicht voll erwachten, noch undifferenzierten eigenen Männlichkeit und Triebimpulse handelt! Dennoch ist es wichtig, daß die Horde dieser ungehobelten »Jünglinge« auch einmal zum Zuge kommt, so schmerzhaft das für Vater und Sohn sein mag (soweit der Sohn als »Telemach« in der Lage ist, über das Geschehene zu reflektieren).

Diese Zusammenstöße sind für die innere Reifung von Vater *und* Sohn unerläßlich. Denn von dem Maß, in welchem die Grenzen abgesteckt werden, wird später eine gute Zusammenarbeit des jungen und des alten Mannes miteinander bestimmt.

Dies ist die *eine* Ebene zwischen Vater und Sohn.

Die *zweite* Ebene berührt die Tatsache, daß Telemach unter den Freiern seiner Mutter sitzt. Zwar würde er, darüber befragt, es entrüstet ablehnen, daß er selber zu den Freiern gehöre. Aber für die Mutter stand er in mancher Hinsicht vielleicht doch an der Stelle des abwesenden Vaters, ohne daß er es so richtig gemerkt hatte. So wurde er selber zu einem ihrer »Freier«.

Penelope weiß von der Heimkehr ihres Gatten immer noch nichts, weil der Bettler auch ihr eine lange Lügengeschichte erzählt hat. Darum entschließt sie sich jetzt, denjenigen unter den Freiern zu heiraten, dessen

> »Hand .. den Bogen (des Odysseus) am leichtesten spannet,
> Und mit der Sehne den Pfeil durch alle zwölf Äxte hindurch-
> schnellt«,   (Od XXI, 75/76)

wie Odysseus es zu tun pflegte. Bei dieser Probe versucht Telemach als erster, den Bogen zu spannen. Was geschähe wohl, wenn er's vermöchte, wenn er als Sieger aus diesem Wettkampf hervorginge? Darüber haben weder er noch auch Penelope sich bewußt Gedanken gemacht!

> »Und er trat an die Schwelle des Saales und versuchte den Bogen.
> Dreimal erschüttert' er ihn und strebt' ihn anzuspannen;
> Dreimal verließ in die Kraft. Noch immer hoffte der Jüngling
> Selbst die Sehne zu spannen und durch die Äxte zu treffen,
> Und er hätt' es vollbracht, da der Starke zum Viertenmal anzog.
> Aber ihm winkte Odysseus und hielt den strebenden Jüngling«
>   (Od XXI, 124–129)

zurück.

Objektiv sagt das Epos im Namen des Odysseus: Sei vorsichtig, verrate uns nicht, sonst entsteht ein vorzeitiger Tumult und unser ganzer Plan ist vereitelt. *Indirekt* sagt aber Odysseus *auch:* der Bogen gehört in *meine* Hand!

So lassen Vater und Sohn zuerst sämtliche Freier ihr Glück erfolglos versuchen, diese vermögen ihn nicht im geringsten zu bewegen.

Als nun der Bettler begehrt, sich ebenfalls mit dem Bogen zu erproben, hat Penelope gar nichts dagegen einzuwenden, allerdings aus einem merkwürdigen Grund, den sie dem ersten unter den Freiern, Alkinoos, mitteilt:

> »Meinst du, wenn etwa der Fremdling den großen Bogen Odysseus' spannt
> ... daß er mich dann heimführe und zur Gemahlin bekomme?
> Schwerlich hegt er selbst im Herzen solche Gedanken!...
> ... Unmöglich ist es, unmöglich! ...«   (Od XXI, 314–319)

Sie sichert dem Bettler statt dessen zu, ihn neu zu kleiden und ihn dorthin zu schicken, wohin er es wünsche!

Was spielt hier unbewußt zwischen Sohn und Vater, zwischen Mutter und Sohn? Hätten sich Odysseus und Telemach vorher nicht so gut kennengelernt, so würde der Sohn in diesem Augenblick nicht die notwendige Abgrenzung durch seinen Vater verstehen und annehmen. Denn er weiß ja schon, daß einmal, wenn die Zeit gekommen sein wird, der Bogen ihm selber gehören und ihm gehorchen wird. Jetzt aber geht es um die Beziehung zwischen Vater und Mutter, da ist es gemäß, daß sich der Sohn von der Schar der Freier absetzt und also in *dieser* Hinsicht nicht mit dem Vater konkurriert.

Telemach wird der »Herr des Bogens« nicht im Wettkampf um seine Mutter sein, sondern dereinst im Kampf um eine eigene Königsherrschaft und um die Braut, die persönlich zu ihm gehören wird[52]. Er hat die »ödipale Versuchung« mit Hilfe seines Vaters bestanden.

Bevor aber der letzte Kampf ausgetragen wird, in welchem Vater und Sohn einträchtig männlich zusammenstehen, ereignen sich noch einige bemerkenswerte Dinge.

Als er seinen Palast betritt, hat Odysseus sich einzig seinem Sohn zu erkennen gegeben. Am Eingang des Hauses aber

»Auf dem großen Haufen von Miste...   (Od XVII, 297)
Hier lag Argos, der Hund, von Ungeziefer zerfressen.
Dieser, da er nun endlich den nahen Odysseus erkannte,
Wedelte zwar mit dem Schwanz und senkte die Ohren herunter
Aber er war zu schwach, sich seinem Herren zu nähern.«
                                      (Od XVII, 300–303)

Der »Hund Argos« mit seiner guten Nase und seinem sicheren Instinkt erkennt seinen Herrn sofort. Er war zurückgelassen worden, als Odysseus nach Troja abfuhr, er wurde sehr alt und niemand kümmerte sich um ihn oder pflegte ihn.

»Aber Argos umhüllte der schwarze Schatten des Todes,
Da er im zwanzigsten Jahr Odysseus wieder gesehen.«
                                      (Od XVII, 326–327)

Auch Odysseus erkennt seinen Hund wieder – aber noch darf er nicht zeigen, daß »wir beide zusammengehören«. Zuviel an »animalischer« Emotion könnte verräterisch wirken. Hatte Odysseus die Qualitäten seines Hundes in sich verkümmern, »auf dem Miste« verkommen lassen? Oder gilt auch hier der Satz: Dulde, mein Herz, schweig still, mein lieber Argos, bis die Zeit dafür reif ist!? – Ein erwachsener Mann hat seine Gefühle, er soll um sie wissen und sie nicht verkommen lassen. Doch tut er gut daran, sie zu »erziehen«, wie Odysseus seinen Hund, der ihm gehorchen lernte.

Bald, nachdem der fremde Bettler den Palast betreten hatte, ließ Penelope ihn zu sich rufen, ob er wohl irgendeine Kunde über ihren vermißten Gemahl bringen könne?

Nach seiner Identität befragt, antwortet ihr Odysseus:

»Erkundige dich nicht nach meinem Geschlecht und Geburts-
land...«   (Od XIX, 116)

Penelope erzählt ihm selber ihre ganze Geschichte, während Odysseus immer noch höchst glaubwürdig klingende Lügen erfindet, um sich nach allen Seiten abzusichern. Zwar deutet er seine Heimkehr

»noch in diesem Jahr«　　　　　　　　　(Od XIX, 306)

an, aber eben dies kann Penelope nicht glauben. Sie erkennt ihn nicht.

Doch der alten Schaffnerin Eurykleia kommt der Fremde sogleich merkwürdig bekannt vor. Als sie ihm die Füße wäscht, erkennt ihn die einfache, treue alte Frau vollends an einer Narbe, die ihm als Jüngling ein Eber bei der Jagd beigebracht hatte. Odysseus muß die gute Eurykleia bei der Gurgel packen, damit sie ihre freudige Entdeckung nicht gerade herausschreit. Aber die *kluge* Penelope merkt nichts.

Abb. 13:
Eurykleia erkennt Odysseus in der Bettlergestalt

»denn Athena lenkte ihr Herz ab«.　　　　(Od XIX, 479)

Das einfältige Herz hat längst alles erspürt, der kluge, wache Verstand aber nimmt noch nichts wahr.

Inzwischen trifft man im Hause unter Anleitung der Eurykleia Vorbereitungen zu einem merkwürdigen Fest:

».. heut ist der Heilige *Neumond*«,　　　　(Od XX, 156)

das Fest des Verschwindens des Mondes, der heiligen Braut, die durch Hades in die Tiefe geholt wurde, bevor sie als neue Mondsichel wieder aufsteigen durfte. Vielleicht handelt es sich hier um ein Erbe aus der Zeit vor der dorischen Wanderung. In jedem Fall hat der Mond auch bei anderen Völkern etwas mit den weiblichen »Gezeiten« und dem Fruchtbarkeits-Rhythmus zu tun[53], und der Kult des Neumondes weist bei den Griechen vor allem auf den Brauch hin, die Ehen nach dem Muster der Heiligen Hochzeit zwischen Zeus und Hera zur Zeit des Neumondes

um die Wintersonnenwende zu schließen. Das ist die Zeit, zu welcher das Sonnenlicht langsam wieder an Kraft gewinnt, also im Sinne der Griechischen Sprache aus der Tiefe des Hades auftaucht. Wenn dieses Ereignis auch mit dem Wieder-Erscheinen des zunehmenden Mondes zusammenfällt, dann ist die Bedeutung der kosmischen und der irdischen Eheschließung evident.

Zur gleichen Zeit beschließen die Männer, das Fest des Bogenkampfes, also des Gottes Apollon, zu feiern, des Herrn des Bogens und des männlichen Bewußtseins[54].

Wie auf einer Nebenszene werden alle Vorbereitungen zu dem großen, erneuten »Hieros Gamos« zwischen Odysseus und Penelope und zur neuen Erringung der Königsherrschaft getroffen.

Am Abend verjagt Odysseus alle Mägde aus dem Saal, welche die Aufgabe haben, die Lichter zu unterhalten und den Freiern zu Willen zu sein. Odysseus übernimmt die Wartung der Lichter selber. Er stand im Saal,

> »der leuchtenden Feuergeschirre
> Flamme nährend, und sahe nach allen«.   (Od XVIII, 342/434)

Ganz allmählich steckt er den anwesenden Freiern Lichter auf, die diese aber nicht verstehen. Er redet bereits sehr offen:

> »Aber käme Odysseus in seiner Väter Gefilde,
> O, bald würde die Türe ...
> Dennoch zu enge dir sein, wenn du zum Hause hinausflöhst.«
> (Od XVIII, 383–385)

Auch Telemach spricht immer energischer. Seiner Mutter sagt er:

> »Freilich fehlt es mir jetzt nicht mehr an Verstand
> und Erfahrung, Gutes und Böses zu sehen.«
> (Denn *ehemals* war ich ein Knabe!)   (Od XVIII 227/228)

Den Freiern teilt er mit:

> „... Hier ist kein öffentlich Gasthaus,
> Sondern Odysseus' Haus, und *ich bin der Erbe des Königs!*«
>
> (Od XX, 264/265)

Endlich gibt sich Odysseus nun auch seinem treuen Hirten Eumaios und dem Rinderhirten Philötios zu erkennen (Od XXI, 194ff). Der Saal wird verriegelt und die Frauen werden fortgeschickt. Odysseus tut seinen Meisterschuß und überwältigt dann mit Hilfe seines Sohnes, der beiden Hirten und seiner Schutzgöttin das männliche Kollektiv der Freier*. Im übertragenen Sinn tut hier Odysseus mit den Freiern aktiv das, was vorher seine »Gefährten« schicksalsmäßig erlitten. Er überwältigt die kollektive Männlichkeit (in sich), als letzte Voraussetzung für sein Eins-Werden mit sich selber. Nachdem er alle diese Jünglinge zum Hades gesandt hat, wird Penelope gerufen. Die alte Eurykleia weckt sie aus tiefem Schlaf.

> »Ich schlief noch nimmer so fest, seit Odysseus hinwegfuhr«,
>
> (Od XXIII, 18)

so spricht die Erstaunte. Sie kann nicht glauben, daß die überbrachte Botschaft wahr sein soll. Ihr wacher Verstand zweifelt, während ihr Unbewußtes längst realisiert hatte: Nun kannst du beruhigt schlafen! (Wie Odysseus am Strand der Phaiaken.)

> »Der Gehenden Herz schlug zweifelnd.« (Od XXIII, 85)

Sie weiß nicht, wie sie diesem Mann begegnen soll, der vielleicht Odysseus ist. Sie

> »Setzte fern an der Wand im Glanze des Feuers, Odysseus
> Gegenüber, sich hin. – An einer ragenden Säule
> Saß er, die Augen gesenkt, und wartete, was sie ihm sagen
> Würde...
> Lange saß sie schweigend; ihr Herz war voller Erstaunen.
> Jetzo glaubte sie schon sein Angesicht zu erkennen,
> Jetzo verkannte sie ihn in seiner häßlichen Kleidung.«
>
> (Od XXIII, 90/95)

---

* G. Dietz, 1988, S. 75/76 verweist auf Od. VIII, 228. An dieser Stelle wird die Herkunft von Odysseus' Bogen beschrieben. Der Bogen gehörte einst Eurythos, dem Lehrer des Herakles. Da sich aber Eurythos vermaß, den göttlichen Bogenschützen Apollon zum Wettkampf herauszufordern, traf ihn der Todesschuß des Gottes. Diesen Bogen erbte nun der Sohn des Eurythos, Iphytos, der die Waffe als Freundschaftsgabe an Odysseus verschenkte. Odysseus hielt den Bogen heilig, er war für ihn keine gewöhnliche Kriegswaffe; darum nahm er ihn nicht mit zum Kampf um Troja, sondern hinterließ diese Kostbarkeit in der Schatzkammer seines Palastes in Ithaka. Jetzt aber benutzte ihn Odysseus, um mit seinem Meisterschuß das Königstum neu zu erwerben, und um die Hybris der Freier zu bestrafen. Beides ist eine kultische Tat, und ebenso die Verfolgung der Freier, die mit dem Kultlauf zu vergleichen ist, durch welchen Odysseus einst in Sparta seine Gemahlin Penelope gewann.

Die bewußte Penelope weigert sich noch, Odysseus in der Gestalt des Bettlers anzunehmen, obwohl ihr Instinkt ihn längst erkannt hatte, als sie dem zerlumpten Fremden die Bogen-Probe zugestand.

Ähnlich hat es sich oft in der äußeren Wirklichkeit zugetragen, auch bei uns nach dem Ende zweier Kriege. Beide verstummen. Sie tasten sich gegenseitig mit Blicken und Gedanken ab und fragen wortlos: Bis du noch der oder die von damals, als wir uns kennenlernten und glücklich miteinander waren? Wer bist zu jetzt, gehören wir noch zusammen, trägt unser altes Fundament, können wir uns ein neues Haus bauen?

Solche Gedanken und Gefühle tauchen nicht nur nach einer realen Trennung von langer Dauer auf. Menschen können in einer scheinbar guten Ehe viele Jahre nebeneinander leben, ohne sich wirklich kennenzulernen. Irgendwann bringt dann eine Krise ein aufschreckendes Erwachen: Ein Mann mag einer oder mehreren Kirke- oder Kalypso-Gestalten begegnen, oder um die Frau erscheinen plötzlich real oder in der Phantasie andere »Freier«. Stumm und ratlos sitzt man sich gegenüber, wenn die Kinder erwachsen werden und aus dem Haus gehen. Hat man noch eine gemeinsame Basis? Man fragt nun: Wer bin ich selber, und wer bist eigentlich Du?

Odysseus und Penelope fallen sich *nicht* selig in die Arme, obwohl doch beide so sehnsüchtig aufeinander gewartet hatten. Penelope läßt sich auch nicht überzeugen, als ihr Odysseus nach einem Bade verjüngt und in schönen Kleidern entgegen tritt. Sie sagt:

> »Wir haben unsere geheimen Zeichen, die keinem andern bekannt sind.«

(Od XXIII, 110)

Zum Schein fordert sie Eurykleia auf, das Bett des Odysseus aus dem gemeinsamen Schlafgemach hinaus vor die Türe zu setzen. Da braust Odysseus auf, er vermag sein Herz nicht mehr zu be-

Abb. 14:
Odysseus tut seinen Meisterschuß, mit dem er erneut seine Königsherrschaft erringt.

zähmen, er zeigt sich als der, der er ist: der »Zürnende«. Er gibt selber das gemeinsame Geheimnis preis. Sein Bett ist von seinem Platz unverrückbar, er hat es selber gebaut und im Stamm eines alten Ölbaumes fest verankert, des Baumes, der seiner Schutzgöttin heilig ist.

> »Dies Wahrzeichen sag' ich dir also. Aber ich weiß nicht,
> Frau, ob es noch so ist wie vormals, oder ob jemand
> Schon den Fuß (des Bettes) von der Wurzel gehaun und das Bett
> versetzt hat.«   (Od XXIII, 202–204)

An diesem Wahrzeichen, das sich nicht verändert hat, erkennen beide, daß ihr gemeinsames Fundament noch steht. Der Fuß des Bettes in dem alten Ölbaum ist unverrückt.

Der Ölbaum ist ein Symbol der Bringerin der griechischen Kultur, Pallas-Athena. Mit dem Geschenk des Ölbaumes besiegte die Göttin den ungestümen Poseidon. Nachdem Odysseus der Gewalt »seines« Poseidon entronnen ist, zeigt es sich, daß seine Ehe noch fest gegründet ist im Baum seiner Schutzgöttin.

Nun ist das Eis gebrochen, die »Heilige Hochzeit« kann erneuert werden und beide erzählen sich ihre Geschichte und ihre Leiden während der Trennungszeit. Selbst Odysseus fällt es nun nicht mehr ein zu lügen, die neue Vertrauensbasis macht das überflüssig.

Aber der Schicksalsfaden ist noch nicht zu Ende gesponnen. Ein Mythos ist kein Märchen, welches meistens glückhaft endet, sondern er erzählt von Stationen der Wege der Menschen in ihren Umbruchstadien und Krisen. Da jedoch jede Lebensstufe ihre eigenen Probleme und Klippen aufweist, ist der Weg auf Erden nie vollendet.

Der bisherige Weg des Odysseus hat zwar alles ausgelotet, was einem Menschen im Umkreis des Meeres begegnen kann. Doch muß er seiner Frau noch sagen:

>»Liebes Weib, noch haben wir nicht der furchtbaren Kämpfe
Ziel erreicht; es droht noch unermeßliche Arbeit,
Viel und gefahrenvoll, und alle muß ich vollenden!«
(Od XXIII, 248–250)

Dies verkündete ihm die Seele des alten Weisen Teiresias:

>»... mir gebeut der erleuchtete Seher
Fort durch die Welt zu gehen, in der Hand ein geglättetes Ruder,
Immerfort, bis ich komme zu Menschen, welche das Meer nicht
Kennen und keine Speise gewürzt mit Salz genießen ...«
(Od XXIII, 267–270)

Odysseus, der Seefahrer, soll nun über *Land* gehen, bis an die
äußersten Grenzen dieses Bereiches der Welt. Wo nichts mehr
mit Salz gewürzt wird, so mag man es rational sehen, da gibt es
für die Vorstellung der Griechen kein Meer mehr, weil sie das
Salz aus dem Meerwasser zu gewinnen gewohnt waren. Wo
nicht mehr mit Salz gewürzt wird, schmeckt aber auch alles fade,
»einerlei«, undifferenziert. So gesehen mag die Grenze, die der
Wanderer nun erreicht hat, wiederum diejenige zwischen Lebenden und Toten sein. – In jedem Fall hat Odysseus die Auflage, auch auf dem Boden der festen, verläßlichen Tatsachen
(dem rationalen Bewußtsein) alles auszuschreiten, was im Bereich des Möglichen liegt.

>»Wenn ein Wanderer einst, der mir in der Fremde begegnet,
Sagt, ich trag eine Schaufel auf meiner rüstigen Schulter,
Dann soll ich dort in die Erde das schöngeglättete Ruder
Stecken und Opfer bringen dem Meerbeherrscher Poseidon ...
Darauf zur Heimat kehren und opfern heilige Gaben
Allen unsterblichen Göttern ...
... Zuletzt wird außer dem Meere
Kommen der Tod und mich, von hohem behaglichem Alter
Aufgelösten, sanft hinwegnehmen, wenn ringsum die Völker
Froh und glücklich sind ...«
(Od XXIII, 274–284)

Penelope antwortet zuversichtlich:

>»Nun, wenn dir von den Göttern ein frohes Alter bestimmt ist,

Können *wir* hoffen, du wirst dein Leiden glücklich vollenden.«
(Od XXIII, 286/287)

Wenn die Gegensätze zwischen »Land und Meer«, zwischen den Bereichen des Bewußtseins und des unendlichen Unbewußten versöhnt sind, wird Odysseus zum Zeichen dieser Vereinigung der Gegensätze im Menschen sein Ruder auf's feste Land pflanzen. Dann wird es einerlei sein, ob mit diesem Gerät das Meer geschlagen oder das Korn geworfelt wird.

Athena verlängert diese Nacht so lange, wie es ihr nötig erscheint. Denn

»Jene, nachdem sie die Fülle der seligen Liebe gekostet,
Wachten noch lang', ihr Herz mit vielen Gesprächen erfreuend«,
(Od XXIII, 301–302)
»Und kaum hatt' er das Letzte gesagt, da beschlich ihn der süße
Sanft auflösende Schlummer, den Gram der Seele vertilgend.«
(Od XXIII, 342/343)

Was noch im letzten, dem vierundzwanzigsten Gesang der Odyssee, berichtet wird, klingt wie ein *vorläufiger* Abschluß. Odysseus hat den Saal mit Schwefel von allem Bösen gereinigt, die Toten sind fortgebracht und

> »Jetzo nahte sich ihnen (Hermes) der rüstige Argosbesieger,
> Und ihm folgte zur Tiefe die Schar der erschlagenen Freier«.
> (Od XXIV, 99/100)

Die Zeit der Bedrängnis durch diese unreifen männlichen Gestalten ist für Telemach durch die Hilfe seines Vaters vorbei. Für Odysseus selber ist die Tötung der Freier ein Abschied von seinen eigenen »Jugendsünden«. Vor allem aber ist Penelope diese werbende Schar los, die ihr während der Abwesenheit des Odysseus dauernd neue Versuchungen brachte und die sie selber durch ihre Gesten an sich band.

So mancher moderne »Odysseus« mag zwar physisch anwesend, aber gleichzeitig auf irgendwelchen Entdeckungsfahrten im riesigen Meer seiner Unbewußtheit umhertreiben. So vermittelt er seiner »Penelope« wenig Anreize, sich mit ihm auseinanderzusetzen und ihre eigene Animus-Gestalt zu differenzieren. Die Folge ist, daß die Zahl der »Freier« ins Ungemessene anwächst. Denn selbst wenn sie die Klugheit und moralische Festigkeit der epischen Penelope besitzt, so wird die Phantasie dieser Frau doch schweifen: Wäre nicht der oder jener ein besserer Partner für mich gewesen?

Penelope hielt sich zunächst an ihrer weiblichen Arbeit fest*, einem kunstvollen Gewebe für den Vater ihres Mannes. Es sollte dessen Leichentuch werden, und das war nach damaligem Brauch eine wichtige Arbeit. Doch war es ein Schein-Geschäft, weil der Fortschritt allnächtlich wieder aufgetrennt wurde.

* vgl. S. 33

Als der Betrug herausgekommen war, wurde sie zur Vollendung des Gewebes und damit zur Entscheidung gezwungen.

VII. Ende und neuer Aufbruch

Im übertragenen Sinne können wir sagen: Wenn die »Vatergestalt« beerdigt werden kann, wenn die inzestgefärbte Beziehung zu ihm »gestorben« ist, dann wird erst eine andere, persönliche Bindung an einen unverwechselbar *anderen* Partner möglich. *Einem* unter den Vielen soll Penelope den Vorrang geben. Und eben, als sie blutenden Herzens den Bogenkampf ausschrieb, der die Entscheidung bringen sollte, ist Odysseus wieder da. Sie erkennt: Der, den ich lange Zeit nicht mehr wahrnehmen konnte, ist letzten Endes doch der, welcher eigentlich zu mir gehört, denn *er* ist es, der den »Bogen« beherrscht, der die Spannung des Bogens aushält und durchhält. Vielleicht hat auch Penelope durch ihre Bereitschaft zur Entscheidung (zur Differenzierung) dazu beigetragen, daß Odysseus wieder heimfand. Auch sie ist ihrer kollektiv-weiblichen Rolle entwachsen und zum unverwechselbaren Individuum geworden.

Während Odysseus seinen alten Vater Laertes aufsucht, flakkert auf Ithaka der Zorn der Adelsgeschlechter auf, denen die Freier angehörten. Ein allgemeiner Bürgerkrieg droht loszubrechen. Odysseus, Laertes und Telemach stürzen sich in den Kampf, sie

> »Hauten und stachen mit Schwertern und langgeschafteten Spießen.
> Und nun hätten sie alle vertilgt und zu Boden gestürzt ... aber ...
> Pallas Athena rief, und hemmte der Streitenden Schar:
> Ruht, ihr Ithaker, ruht vom unglückseligen Kriege!:
> (Od XXIV, 526–530)

Die Ithaker flüchten entsetzt, als sie die Stimme der Göttin vernehmen. Zeus sendet einen Blitzstrahl vom Himmel und Athena bringt Odysseus zur Vernunft:

> »Halte nun ein und ruhe vom allverderbenden Kriege,
> Daß dir Kronion nicht zürne, der Gott der weithallenden Donner!
> ... Und freudig gehorchte Odysseus der Göttin.«
> (Od XXIV, 542–544)

Odysseus bleibt König im Lande, seine weibliche Seele riet ihm zur Mäßigung im rechten Augenblick, und er vermochte sie zu hören. Das Maß des Lebendigen hat das Leben bewahrt.

An dieser Stelle wird deutlich, wie der Weg und die innere Reifung eines führenden Einzelnen sich auf seine soziale Um- und Mitwelt auswirkt. »Athena« hat ihre Ausstrahlung auf Odysseus *und* auf die Angehörigen der »Adelsgeschlechter«, also der »Mitregierenden« im persönlichen Leben des Individuums ebenso wie im Staats-Ganzen. Goethe hat diese einfache Wahrheit in die Worte gefaßt:

> Ein jeder *kehr* vor seiner Tür,
> und rein wird jedes Staatsquartier.
> Ein jeder *übe* sein' Lektion,
> so wird es gut im Staate schon:

Der »zweite Teil« der Odyssee blieb ungeschrieben.

Im ersten Teil begleiteten wir Odysseus, den Seefahrer, auf den Fluten des schöpferisch-zerstörerischen Weltmeeres. Oft kämpfte er gegen die Gefahr, durch die anonymen Fluten des allumfassenden kollektiven Unbewußten verschlungen zu werden, dessen Herrscher Poseidon heißt, der dunkle Bruder des lichten Zeus.

Odysseus mußte viele Formen der primitiv männlichen und weiblichen Versuchungen bestehen und schließlich seine eigenen undifferenziert-männlichen Strebungen in Gestalt seiner »Gefährten« opfern. Diese geopferten Eigenschaften verwandeln sich dann endlich in eine gereifte, männliche Haltung, die er z. B. in der Begegnung mit Nausikaa verwirklichen kann, die er aber auch bei seiner Heimkehr nach Ithaka in männlicher Selbstbeherrschung und Klugheit bewährt.

Das Ziel seiner Reise ist erreicht, als er sich von den äußeren Erlebnissen mit allen beschriebenen Anima-Gestalten distanzieren und diese verinnerlichen (integrieren) kann. Damit wird die

neue, personale Begegnung mit Penelope möglich. Beide erfahren sich nun nicht mehr auf der kollektiven und undifferenziert männlichen und weiblichen Ebene, sondern als Individuen.

Der *zweite Teil* des Epos spielt vielleicht in unserer Zeit. Zwar haben auch wir ständig mit den Fluten der kollektiven Unbewußtheit und mit unseren persönlichen Schattenanteilen zu kämpfen. Doch wächst eine zweite Gefahr zum immer mehr drohenden Verhängnis herauf: die Gefahr des vom schöpferischen Unbewußten abgespaltenen Intellekts.

Für den zweiten Teil seines Weges wird Odysseus aufgetragen, sein Ruder über die Schulter zu nehmen und über Land zu gehen – so weit, bis den dort lebenden Menschen kein Meer, kein schiffbarer Fluß mehr bekannt ist.

Vielleicht muß er große Einöden in der trockenen Wüste durchwandern, wo kein befruchtender Regen mehr fällt.

Wenn du in diesen Wüsten der bloßen Ratio angekommen bist, so sagt ihm der Weise Teiresias, dann pflanze dein Ruder in die Erde und bringe dem Poseidon ein reiches Opfer. Vielleicht kann dann der Gott der fürchterlich ungezügelten Wogen und Winde sogar zum Helfer werden. Man könnte auch sagen: Wenn du das Gedächtnis dieses Gottes der Fluten in der Wüste stiftest, dann sind Wasser und Land, Bewußtes und Unbewußtes in dir selber versöhnt. Danach darfst du endgültig »nach Hause« gehen, wo dich ein friedlicher Tod erwarten wird. Du wirst dann, wie der greise Laertes, noch Bäume pflanzen und hegen, deren Früchte vielleicht erst deine Enkel ernten und genießen werden. Dann hast du die Aufgabe deines Lebens erfüllt. Solange du aber auf der Erde lebst, wird die »unermeßliche Arbeit« an dir selber nicht abreißen.

130

Zweiter Teil: Der Weg des Oidipus

Odysseus hat sein Ziel erreicht, er ist wieder, und neu, der König seines Landes. Auch dann, wenn er durch den Seher Teiresias erfahren hat, was seiner noch harrt, und wenn auch wir wissen, daß uns in einem lebendigen Leben bis zuletzt immer wieder neue Aufgaben zugewiesen werden, so dürfen wir doch mit Odysseus die (innere) Gewißheit hegen, daß ihn nichts mehr ernstlich zerstören kann.

Odysseus nahm die Kraft, alle ihm auferlegten Prüfungen heil zu überstehen aus seiner re-ligio, seiner Verbindung zur Welt der Götter. Zwar lernte er das Wirken dieser Götter auch in sehr düsterem verzweiflungsvollem Ringen kennen, aber – auch wenn er es nicht gleich erkennen konnte – diese Götter waren stets gegenwärtig. Und letztlich halfen ihm jene Aspekte des Göttlichen, die ihm im Bilde der Athena und des Hermes am nächsten standen, die Not eines mühsamen Menschen-Weges zu bestehen.

Nun mag sich ein heutiger Leser dieser Mythen (der Erzählungen, »wie es einmal war«) fragen, ob vor 3000 Jahren alle Menschen so glückhaft ihren Weg zu meistern wußten, wie Odysseus? Und vor allem müssen wir fragen: Was ist mit den Menschen, die heute die »Hinausgeworfenen«, die nicht Gewollten sind? – Wieviele Menschen waren schon während der Schwangerschaft unerwünscht – und erst recht nach ihrer Geburt. Wie viele werden als Kleinst-Kinder real oder im übertragenen Sinn »ausgesetzt«, oder durch ein schweres Schicksal isoliert?

Wenn sie dennoch überleben, dann vielleicht mit Hilfe einer sehr früh erwachten Intelligenz, die mehr sieht und bald wahrnimmt, was in der Welt gefährlich oder unstimmig ist. Und mit der Hilfe eines »klugen Kopfes« gelingt ihnen zunächst manches erstaunlich gut. – Aber diesen Über-Intelligenten fehlt sehr oft eine entscheidend wichtige Erfahrung: diejenige, in den Armen der mütterlichen Liebe, in der sicheren Geborgenheit, aus welcher *das* wächst, was die Psychologen das »Ur-Vertrauen« nennen. Es ist das Vertrauen in eine fraglos tragende Verbindung,

Der benachteiligte »Bruder« des Odysseus

132

die den Menschen dann auch zu einer echten re-ligio befähigt. Religio ist etwas unbedingt Verbindliches – verbindlich, verantwortungsbewußt gegenüber dem eigenen Lebensweg, gegenüber den Mitmenschen, gegenüber der Erde, auf und von der wir leben, und nicht zuletzt gegenüber, und *in* einer Transzendenz, die uns lebendig und zuversichtlich erhält.

Nun galt unsere Frage dem »benachteiligten Bruder«, dem diese positive Ur-Erfahrung des Lebens fehlt, und der darum früher oder später an einer kritischen Schwelle strauchelt und keine Kraft zum Durchhalten aufbringen kann. Es sind nicht nur die seelisch Schwächeren, sondern die »Früh-Gestörten«, die jeden, der ihnen in ihrer Not helfen will, vor fast unlösbar schwere Fragen stellen.

Den früh gestörten Menschen gibt es nicht erst heute. Seine Probleme traten zum ersten Mal vor etwa 2500 Jahren faßbar vor unser Bewußtsein, und zwar in der *Oidipus*-Dichtung des Sophokles.

Dieser antike Oidipus kannte keine helfenden *Götter*; nur den Einen, der unbedingte Wahrhaftigkeit von ihm forderte, Apollon, den Sohn des Vaters der Götter und der Menschen, Zeus. Ihm, dem Gott des Orakels von Delphi hatte sich Oidipus verschrieben. Mit wachen Sinnen beobachtete er die Welt und trachtete, einer düsteren Prophezeiung zu entfliehen, die ihm den Mord an seinem vermeintlichen Vater und die Rück-kehr zu seiner vermeintlichen Mutter (seinen Zieh-Eltern in Korinth) weissagte.

Auf seinem Weg aber begegnete ihm sein Schicksal, und zwar vor den Toren seiner ihm unbekannten Heimatstadt Theben. Dorthin mußte er zurück kehren, und dort hatte er eine Erkenntnis zu bewältigen, vor der er fassungslos zusammenbrach. Denn vorher, vor dem Eingang nach Theben saß ein weibliches Ungeheuer, die *Sphinx*, die zur damaligen Zeit als ein Todes-Dämon und als Hüterin des Geheimnisses um Leben und Tod

Abb. 15:
Apollon, der Vertreter des neuen
griechischen Bewußtseins

galt. Mit seinem »klugen Kopf«, mit einer rational richtigen, aber oberflächlichen Antwort besiegte er die Sphinx und deren zweideutige Frage nach dem Wesen und dem Lebensweg des Menschen.

Oidipus wurde ein gefeierter Held, der die Stadt von einem Ungeheuer befreit hatte, welches alle Jünglinge dieser Polis zu »verschlingen« pflegte, die ihre Rätselfrage nicht zu beantworten wußten. Als Siegespreis wurde dem Erlöser von dieser Plage – dem Brauch der damaligen Zeit entsprechend – die vor kurzer Zeit verwitwete Königin zugesprochen.

Als der König Oidipus viele Jahre später erfuhr, daß er der gesuchte Mörder seines realen Vaters war, und daß er ahnungslos zu seiner Mutter Jokaste (als Ehemann) zurück gekehrt (»regrediert«) war, da brach für ihn sein bisheriges Weltbild zusammen. Er zerstörte seine (realen) Augen, er vermochte (nach außen) nichts mehr zu sehen. Aus dem gefeierten König war ein hilfloser, von allen verachteter Bettler geworden, den – sofern er je an sie »geglaubt« haben sollte – alle Götter verlassen hatten.

In dieser gott-verlassenen Lage benötigte der damalige Oidipus *menschliche* Hilfe, die ihm von denjenigen Menschen zuteil wurde, die ich im folgenden seine drei »Therapeuten« nenne. Diese Helfer waren damals, und es sind auch heute reale Menschen, die alle ihr persönliches Schicksal hatten und haben, und die dadurch, daß ihnen selber auf ihrem Weg und an dessen spezifischen Klippen geholfen wurde, eine jeweils besondere Fähigkeit erworben haben, ihren vom Schicksal benachteiligten Mitmenschen zu helfen – nicht als »Götter«, sondern als selber begrenzte und fehlerhafte Menschen. Sie sind ihren Klienten nicht »überlegen«, höchstens durch eine früher gemachte Erfahrung soweit voraus, daß sie dadurch eher zur Hilfe befähigt wurden.

Der erste der »antiken« Therapeuten heißt »Teiresias« Er verweist den äußerlich Erblindeten auf einen Weg des *inneren* Sehens. Antigone hilft ihrem »Bruder«, der auf der Real-Ebene

Abb. 16:
Demeter, die Erd-Mutter

zwar ihr Vater – aber eben ihr Menschen-Bruder ist, wie eine Mutter einem hilflosen Kind. Und, nachdem Theseus ihm den Weg zurück in die menschliche Gemeinschaft gezeigt hat, und nachdem Oidipus sich mit der Erd-Mutter (Demeter) in einem symbolischen Bad versöhnt hatte, da tritt endlich die Heilung ein. Denn nun wird der blinde Bettler, der von allen Verabscheute und durch ein langes, einsames Leben Geschundene – letztlich zum »Seher«, der einen gültigen Weg zu weisen vermag. – Das gilt für den antiken Oidipus, und es kann auch gelten für Menschen, die gemeinsam mit ihren »Therapeuten« einen neuen Weg für ihr Leben suchen.

Die therapeutische Funktion des Teiresias, der Antigone und des Theseus in der Oidipus-Dichtung des Sophokles*

Dieser Abschnitt beschäftigt sich mit drei Gestalten der griechischen Mythologie, die ich die drei Therapeuten des Oidipus nenne. Ich will sie nacheinander vorstellen und ihre wechselseitige Beziehung zu ihrem gemeinsamen »Patienten« Oidipus betrachten, weil ich glaube, an diesen antiken »Therapeuten« exemplarisch etwas darstellen zu können, was uns heute noch angeht und hilfreich sein kann.

Nun wissen wir, daß kein Therapeut fertig vom Himmel fällt. – Alle, die in diesem Beruf tätig sind oder in ihn hineinwachsen, haben ihre Vorgeschichte persönlicher, familiärer und kultureller Prägung. Sie haben eine Strecke mehr oder weniger bewußten Lebensweges hinter sich, bevor sie in einer eigenen Analyse einen Entdeckungsweg nach innen antreten, der ihnen zusätzlich bisher unbekannte Dimensionen ihres Daseins erschließt und ihnen den Sinn mancher bislang unverständlicher Ereignisse und Zusammenhänge durchsichtiger werden läßt. – So haben auch die Gestalten des Teiresias, der Antigone und des Theseus ihre Vergangenheit, die wir zur Kenntnis nehmen müssen, um ihre jeweils spezifische therapeutische Funktion zu verstehen. Außerdem haben wir neben diesen drei Berichten noch jenen über Oidipus zu verarbeiten.

Dies alles muß um des komprimierten Raumes willen sehr aphoristisch geschehen, ich muß viele Einzelheiten und Belege außer acht lassen, damit zum Schluß genügend Zeit bleibt, um zu zeigen, wie sich diese therapeutischen Ansätze in gegenwärtigen Therapien konkret auswirken können.

Zunächst begegnet uns die Gestalt des

TEIRESIAS

Er ist der Prototyp eines Alten Weisen. Es gibt ihn seit der Gründung der Stadt Theben durch Kadmos, und er begleitet die Geschicke dieser Stadt durch sieben Generationen. – Wie er seine *Sehergabe* erlangte, wird in drei unterschiedlichen Versionen

* Leicht überarbeitete Form eines 1993 in der Zeitschrift für Analytische Psychologie erschienenen Beitrages.

berichtet. Die erste[1] erzählt, wie der junge Teiresias unbedacht aus einer Quelle trinken wollte, in welcher gerade Athena ein Bad nahm. Da aber kein Sterblicher den unverhüllten Anblick einer Gottheit erträgt, legte Athena ihre Hand auf seine Augen, worauf er erblindete. Zum Ausgleich verlieh sie ihm aber die Gabe der Prophetie. – Die zweite [2] Version erwähnt die Erblindung als Strafe dafür, daß Teiresias unerlaubterweise ein Mysterienwissen ausgeplaudert habe. – Die dritte [3] Überlieferung berichtet, daß der junge Teiresias zwei große Schlangen bei der Paarung beobachtete. Er schlug mit seinem Stab nach einem der Tiere, wobei er das weibliche Exemplar traf und daraufhin selber in eine Frau verwandelt wurde. In dieser Gestalt lebte er sieben Jahre. Danach sah er die gleichen Schlangen wieder, schlug diesmal nach dem männlichen Tier und erlangte seine vorige Gestalt zurück. Mit dem Schlag seines Stabes legte Teiresias im übertragenen Sinne etwas vorher fast Unentscheidbares fest. (wer kann so leicht eine weibliche von einer männlichen Schlange unterscheiden?) Er wurde selber in das Geschehen verwickelt, an welchem sichtbar wurde, wie aus dem Ur-Einen die Vielfalt der Schöpfung in Erscheinung trat, einer Vielfalt, die der Mensch potentiell *in* sich trägt, obwohl er nur *einen* Aspekt verleiblichen kann. Der männliche Teiresias wußte nach dieser Erfahrung um seine latent möglichen weiblichen Eigenschaften (seine Anima).

Zur *Charakteristik* des Teiresias erfahren wir von den »Ältesten« Thebens:

»Wir wissen ..., daß er der Stadt kein Lügenwort je sagte.«[4]

Teiresias weiß, daß Altes, Überlebtes nicht nur sterben muß, sondern daß es auch wichtig ist, die Vergangenheit in die Gegenwart zu integrieren. Darum fordert er von Kreon, dem Schwager des Oidipus und dem hauptsächlichen Vertreter einer einseitig und undifferenziert männlichen Tyrannis ein Sühneopfer für den Alten Drachen, der vor der Stadtgründung den Hügel der Burg von Theben beherrschte. Diese Pflicht traf Kreon als

direkten Nachfolger der Männer, die einstmals aus der »Drachensaat« entsprossen waren. Unterbliebe dieses Opfer, so würden die Eigenschaften des »Alten Drachen« bestimmt durch irgend eine Hintertüre und höchst störend wieder auftauchen.

Eine große menschliche Weite erkennen wir in der Schilderung des *Euripides* (»Die Bakchen«) [5], nach welcher sich Teiresias für den Dionysischen Kult in der Stadt einsetzte, der ein Gegengewicht gegen die einseitig männliche Gesetzestreue war.

Als schließlich Teiresias dazu kam, wie die Söhne des Oidipus ihren erblindeten Vater im hintersten Winkel des Palastes einsperrten, um so diese »Schande« zu verbergen, da sagte er den Beiden unumwunden, wie töricht ihr Tun sei, »als entflöh'n sie so der Götter Zorn«![6] Verstecken, Verdrängen kann nur Unheil bringen.

Endlich verläßt der alte Seher seine Stadt mit deren letzten Bürgern vor der endgültigen Zerstörung. Als alter »Genius loci« zieht er von dannen und fällt nach einem letzten Trunk aus dem heiligen Brunnen tot um.

Die *Rolle des Teiresias in der Dichtung von »König Oidipus« des Sophokles* ist weitgehend bekannt und soll nur in Kürze wiederholt werden:[7, p.121ff]

Als Oidipus den »Schuldigen« am Elend seiner Stadt sucht, sagt ihm der herbeigerufene Seher nach anfänglichem Zögern ins Gesicht:

> »*Du* bist der Greuel, der das Land befleckt«,

wobei im griechischen Text für »Land« der Ausdruck »Gê« steht, was die »Mutter Erde« bedeutet. Als Oidipus auf diese Mitteilung mit einem Tobsuchtsanfall reagiert, weil er vermutet, daß Teiresias und Kreon sich zusammengetan hätten, um ihn zu stürzen, da erklärt ihm der Seher:

»Nicht Kreon oder ich (der Seher), *nein*,
Du selber fügst dir dieses zu«.

Als Oidipus darauf antwortet, indem er mit seinem »klugen Kopf« zu prahlen beginnt, sagt Teiresias dem Groß-Sprecher:

»Du schaust, und sieht doch nicht, wie du im Argen steckst, nicht, wo du wohnst, und auch, mit wem du hausest nicht. Weißt du, von wem du stammst ...?«   (Tusculum-Ausgabe S. 381)

Teiresias verhöhnt den, der sich so klug vermeint:

T.   »Bist du, es zu erraten, nicht der Fähigste?«
Oid.   »Verhöhne nur, worin du groß mich finden wirst!«
T.   »Doch eben dieses Glück wird zum Verderben dir, aus dem Sehenden wird dann ein Blinder, bettelarm ...«
                                       (Tusculum-Ausgabe, S. 383/385).

Schließlich kleidet Teiresias die furchtbare Wahrheit in die Worte: Das ist der Mörder –

»... mit den eignen Kindern lebt er als ihr Bruder und auch Vater; ist der Frau, von der er stammt, Sohn und Gemahl, Mitgatte und zugleich der Mörder seines Vaters. *Und nun geh hinein ins Haus und sinne nach!* ...«

Auch die *Vorgeschichte des Oidipus* ist vielen Lesern bekannt und soll nur in Stichworten wiederholt werden.

Er entstammt einer ungewollten Schwangerschaft, er wurde als Neugeborener nicht nur ausgesetzt, sondern auch noch schwer verletzt, man durchbohrte seine Füße. An dieses Geschehen konnte er keine cerebrale Erinnerung bewahren, aber das Erleben war in seinem Körpergefühl eingraviert und es steckte ihm lebenslänglich buchstäblich in den Gliedern. Das ist das typische Schicksal aller *Früh*-gestörten. Sie wissen nicht, wer sie eigentlich sind, und so spielte auch für den antiken Oidipus die brennende Frage eine zentrale Rolle: »Wer bin ich?«

Als ihm sein furchtbares Schicksal prophezeit wurde, versuchte er, seiner Lebensaufgabe auszuweichen, weil er den dunklen Delphischen Spruch nicht verstehen konnte. Dennoch mußte er – ungewollt – dieser seiner Aufgabe be-gegnen. – Um das besser verstehen zu können, müssen wir noch die *Familien-Geschichte* des Oidipus zur Kenntnis nehmen.[7, p.116ff, 140ff]

Sein *Vater, Laios*, wuchs bei einem Zieh-Vater, Pelops, auf. Da Laios ein guter Wagenlenker war, wurde er gebeten, diese Kunst dem Sohn des Pelops, *Chrys-Hippos* beizubringen. Chrys-ippos kann mit »Goldpferd«, oder »Der mit den goldenen Pferden« übersetzt werden, und dieser Name verweist symbolisch auf die goldenen Sonnenpferde, als ein Gespann der Bewußt-seins-Energie, einer intelligenten Kraft, die aber der Lenkung bedarf, damit sie kein Unheil anrichtet.

Doch Laios versagte. Statt seinen Schüler zu lehren, wie man seine Impulse und geistigen Kräfte zügelt, gingen ihm selber »die Pferde durch«, indem er den Jüngling entführte.

Daher traf ihn der *Fluch des Pelops* und des Gottes der neu er-wachten männlichen Intelligenz, Apollon: Du darfst keinen Sohn zeugen, weil du unfähig bist, ihn zu erziehen. Wenn du dem zuwider handelst, so wird dich dieser Sohn erschlagen, und er muß seine Mutter ehelichen. – Die Mutter »heiraten« bedeu-tet aber symbolisch: nie von ihr los zu kommen.

Die *Mutter des Oidipus, Jokaste* war erstens eine alte Erdgöttin und eine Priesterin des Trophonios, einer alten Orakel-Gott-heit.[7, p.152] Zweitens war Jokaste die Königin des Landes, also die Mutter-Erde (Gê), mit der der Herrscher alljährlich die Hei-lige Hochzeit zu vollziehen hatte. Das war ein *un*persönlicher Fruchtbarkeits-Ritus. Drittens aber war Jokaste auch die per-sönliche Mutter und dann die Gemahlin des Oidipus.

Da nun Oidipus der Vertreter eines neu erwachenden männli-chen Bewußtseins ist, wurde er durch den Gott der neuen

»Wahrheit«, Apollon – und durch den Spruch des Delphischen Orakels – dazu bestimmt, einen entscheidenden Bewußtseins-Schritt zu tun: nämlich den, aus der kollektiv bestimmten archaischen Ordnung heraus in jene des persönlichen und des rationaleren Erkennens. Auf diesem Weg wurden ihm, wie seinem Vater, seine neu erwachenden geistigen Kräfte (die »Sonnen-Pferde«) zunächst zum Verhängnis. Ihm war es auferlegt, nicht unbesehen die »Heilige Hochzeit« mit der unpersönlichen Basilissa zu vollziehen, sondern diese von seiner *persönlichen* Mutter zu unterscheiden. Diese notwendige Erkenntnis stürzte Mutter und Sohn in bis dahin noch unbekannte Konflikte.

Für *Jokaste* bedeutet die neue Situation, daß sie sich zwar – wie auch heute noch jede Mutter – als Gebärerin und Hegerin allen schutzbedürftigen Lebens versteht. Aber auf der anderen Seite verlangt der geistige Umbruch der Zeit – damals, und in vermehrtem Umfang natürlich heute – von ihr, daß sie ihr Kind als eine eigene Person respektiert und erwachsen werden läßt. – Der animalische Instinkt wirft die Jungen rechtzeitig aus dem Nest. Aber in der differenzierteren Beziehung zwischen Menschen-Müttern und ihren Kindern ist diese Trennung für beide Beteiligten schwerer. Die Eltern müssen den Kindern helfen, sich zu lösen, wenn es dafür an der Zeit ist. Dazu ist es vor allem nötig, daß die Mutter ihren festhaltenden »Pflege- und Ernährungs-Trieb« überwindet. Das ist eine geistige Leistung, ein Opfer im wahrsten Sinne des Wortes, welches die urtümliche Symbiose zwischen Mutter und Kind in eine neue Beziehung zwischen zwei erwachsenen Menschen verwandelt, die jedoch zwei verschiedene Generationen angehören, und deren Partnerschaft einen anderen Akzent hat als unter Gleichaltrigen.

In der Dichtung des Sophokles erhängt sich Jokaste, als sie begreift, daß ihre Ablenkungsversuche nichts mehr fruchten. Als Oidipus sie tot sieht, sticht er sich mit den Fibeln ihres Gewandes die Augen aus.

Wenn man dieses Ereignis unter dem Gesichtspunkt des *realen* Erlebens zwischen Mutter und Sohn betrachtet, also auf der *objektiven* Ebene, dann kann man sich vorstellen, daß ein »Kind« von diesem Eindruck kaum mehr loskommt und sich lebenslänglich mit der Belastung herumschlagen muß: ich bin schuldig am Tod meiner Mutter! Und in der Tat verursachen depressive Mütter oft genug dieses Gefühl bei ihren Kindern; beim Sohn vor allem, wenn der Vater frühzeitig verstorben ist, oder wenn er die Familie verlassen hat. Dann beansprucht eine bewußtseinsschwache Mutter ihren Sohn – unbewußt, oder halb bewußt – als Ersatz-Mann. Und wenn dieser Sohn sich seiner Lage bewußt wird und versucht, die Verstrickung zu lösen, dann sind reale Selbstmorddrohungen dieser Mütter nicht selten.

Nicht weniger belastend können aber auch ein depressives Schweigen und die latent vorwurfsvollen Blicke wirken, die zum Ausdruck bringen: Du »bringst mich um«, wenn du mich allein läßt.

Wenn der Sohn sich dann – symbolisch – seine rational sehenden Augen »aussticht« (zerstört), dann verhärtet sich der neurotische Komplex hoffnungslos. Dann wurde der Rat des »Teiresias«: »Geh ins Haus und sinne nach« noch nicht verstanden. In dieser Verhärtung endet die Situation am Ende der Dichtung des Sophokles von dem »König Oidipus«. Dieses »Königtum« ist an seinem Ende angelangt.

Wenn man das gleiche Geschehen auf der *Subjekt-Stufe* betrachtet, so kann es *für Oidipus* bedeuten: ich schalte jetzt, gemäß dem Rat des »Teiresias«, *die* Augen aus, die in der Königin des Landes wörtlich die Ehefrau erblickten, und die nicht bemerkten, daß mich ein inneres Sehnsuchtsbild verleitet hat. Das *Bild* der Mutter, das ich auf diese Frau projizierte, muß *in* mir sterben, ich darf es *so* nicht mehr erblicken, sonst geschieht neues Unheil!

Vom Gesichtspunkt der *Jokaste* kann ihr Tod, subjektiv gesehen, ein doppeltes Gesicht haben: Zum ersten begreift sie, daß sie, real gesehen, nicht länger die Mutter des ehemaligen Kleinkindes Oidipus und noch weniger dessen Ehepartnerin sein kann. Als zweites begreift sie, daß die Zeit abgelaufen ist, in welcher sie ihre archaische Rolle als Vertreterin der »Erde des Landes« und dessen Fruchtbarkeit zu agieren hat. Diese beiden Ebenen müssen *in* Jokaste sterben, weil ihre Zeit sich überlebt hat.

Daß im zutiefst archetypischen Untergrund jede Mutter für ihr Kleinkind die »tragende Mutter Erde« verkörpert und damit das Vertrauen wecken kann, gehalten und geborgen zu sein, bleibt von alledem unberührt. Mutter und Kind »wissen« darum, ebenso Mann und Frau in ihrer Intimsphäre. Dieses »Wissen« soll auch nicht sterben, aber es muß von der äußeren Wirklichkeit getrennt werden. So gesehen stellt der Tod der Jokaste ein Opfer dar.

Der *Mythos* vom Hänge-Opfer ist allbekannt. Dem keltischen Gott Esus-Cernunnos, einem Herrscher der Anderswelt, des Durchgangs durch den Tod zu neu sprossendem Leben, wurden Menschenopfer durch Erhängen dargebracht.[8,9]
Der germanische Gott Odin hing nicht nur selber an den Ästen der Weltenesche, um Weisheit zu erlangen, sondern auch ihm wurden Hänge-Opfer dargebracht. [10]

Auch aus Griechenland und Kreta gibt es Berichte, die dort allerdings von symbolischen Hänge-Opfern berichten, die z. B. als Puppen von Göttinnen oder als Masken in Bäume gehängt wurden, um die Fruchtbarkeit nach der Vegetationspause wieder in Gang zu bringen.[11,12] Diese Andeutungen aus dem Bereich europäischer Mythen könnten mit Beispielen über den ganzen Erdkreis erweitert werden.

Aus alledem können wir die Tragweite des Opfers der Jokaste entnehmen. Es ging um eine geistige Transzendenz, um ein Hängen im luftigen Raum, das im Tod neue Lebenskraft weckt.

Wenn man all diese Möglichkeiten bedenkt, dann kann man daraus entnehmen, daß es keinen einseitigen »Oidipus-Komplex« der ehemaligen Kinder gibt, sondern daß daran entscheidend eine Wandlung in der Liebesfähigkeit vor allem der Mutter zum Sohn beteiligt ist. (Vergleichbares gilt natürlich auch für die Beziehung zwischen Vater und Tochter.)

An dieser kritischen Schwelle ruft Oidipus den Seher *Teiresias* um Hilfe an. Dieser stellt eine harte Diagnose, er zeigt Oidipus, was er *nicht* gesehen hat und zwingt ihn in den Dienst des Gottes der vollen Wahrheit, Apollon.

In seiner ersten Tragödie läßt Sophokles den König Oidipus im Bodenlosen scheitern. – Teiresias hat ihn fortgeschickt mit den Worten:

>»nun geh ins Haus und sinne nach«.

»Ins Haus gehen« heißt, sich in seinen »Innenraum« begeben. Damit wird Oidipus auf einen neuen, not-wendigen Weg verwiesen, nachdem es klar war: »*So* kann es nicht weitergehen!« Mit diesen Worten kommen Menschen oft in die erste Sprechstunde ihres Helfers, und dieser Satz besagt bereits, daß ein heilsamer Anfang gemacht wurde.

ANTIGONE

Die Tochter des Oidipus, Antigone, ist *keine* mythische Gestalt wie Teiresias oder Jokaste, sondern eine mutige Frau der antiken »Gegenwart«.

Sie setzt sich inmitten des primitiven Faustrechts der eben erst erwachten Männerwelt für den Schutz der Wehrlosen ein, und das nennt sie »ein ungeschriebenes heiliges Recht der Götter«, welches sie der starren Gesetzlichkeit des absoluten Herrschers Kreon entgegensetzt. Das wird deutlich in ihrem Kampf um die

Bestattung ihres gefallenen Bruders Polyneikes, den Kreon un-
bestattet vor den Toren der Stadt den Hunden zum Fraß überlassen wollte. Sie entgegnet Kreon mit der Berufung auf »das
ungeschriebene, heilige Recht der Götter«, welches durch will-
kürliches Menschenrecht nicht zu entkräften sei: [13]

Ant.: »Hades will das gleiche Recht für alle««
Kreon: »Doch nicht für Gut und Böse gleiches Recht.«
Ant.: »Wer weiß, ob drunten diese Ordnung gilt?«
Kreon: »Doch niemals wird der Feind, auch nicht im Tod, zum
Freund.«
Ant.: »Doch nicht zu hassen, *mitzulieben* (symphilein) bin ich
da«.

Antigone denkt selbständig, wenn sie fragt, ob es die Erinnyen
waren,

»welche das Haus umstürzten des Oidipus,
weil er mit forschendem Geiste
der wütenden Sphinx unerforschliche
Rätsel gelöst, und ermordet die Sängerin?«

Nur am Rande sei vermerkt, weshalb die Sphinx so »wütend«
erlebt wurde: Für die Griechen ist sie die weibliche Vertreterin
einer archaischen Herrschaft und Ordnung der Vorzeit, einer
Zeit, die jetzt am Vergehen war, und einer weiblichen Vor-
macht, die im Rückzug um ihre angestammten Rechte kämpfte.
In diesem Kampf wurde sie als böse und gefährlich erfahren.
Denn die Ur-Weiblichen Rätsel um Leben und Tod, welche die
Große Göttin des Lebens und des Todes den noch jugendlichen
Männern des aufkommenden Patriarchates aufgab, brachte diese Jünglinge aus der Fassung – und, bildlich gesprochen – wurden sie als Ergebnis ihrer vergeblichen rationalen Bemühungen
von der »Sphinx«, der Wächterin zwischen dem Reich der Lebenden und der Toten »verschlungen«.

Da aber die Sphinx jene, wenn auch inzwischen negativ gewor-
dene Vertreterin der alten Mutter-Gottheit war, traf denjenigen, der sie »ermordete«, – indem er eine zunächst rational

»richtige« Antwort gab – nach altem, archaischem Recht die Rache der Erinnyen, die ihn gnadenlos verfolgen mußten. Das mag eine Antwort sein auf die Frage der Antigone, die überlegt, was an der Haltung des »forschenden Geistes« des Oidipus so frevelhaft war, der es wagte, selber nachzudenken und dabei alte Grenzen zu sprengen – Grenzen freilich, über die er zunächst strauchelte.

Menschen, die bisher gültige Grenzen überschreiten, sind immer »Frevler« im Sinne alter Gesetze, das gilt im persönlichen Leben heutiger Menschen genauso, wie damals im Rahmen derjenigen Kollektiv-Normen, die das Leben der Gemeinschaft schützend umgaben. Aber eines Tages wird ein bis dato gutes und bergendes »Gehege« zu eng. Menschen, die einer ungewollten Schwangerschaft entspringen und danach die erste schützende Nestwärme entbehren mußten, haben zeitiger das Bedürfnis, sich über Zäune zu recken und Mauern zu überspringen, als solche, die sich allzu lang in der mütterlichen Symbiose wohlfühlten.

Hier wird die Ambivalenz des einen wie des anderen Extrems deutlich. Die »Nesthocker«, zu denen der Mensch ja von Natur aus gehört, brauchen zwar diese Nestwärme dringend und länger, als irgend ein Tier, aber ihr Geist wird träge oder entfaltet sich ungenügend, wenn die Nest-Epoche überzogen wird. Diejenigen aber, welche die ursprüngliche Wärme entbehren mußten, sterben entweder, oder sie wachen früher auf, als ihre Altersgenossen, und dann treiben sie zwar ihre eigene geistige Entwicklung, sowie vielleicht sogar jene ihrer Zeit voran, aber sie schweben in der Gefahr, den nährenden Mutterboden unter den Füßen zu verlieren, weil sie ihn nie erfahren haben. Zu diesem Typus gehört Oidipus.

Als Sophokles 90 Jahre alt war, ging inmitten der Wirren des Peloponnesischen Krieges die Vormachtstellung Athens über Griechenland zuende. Damals legte (um 410 v. Chr.) Euripides seiner *Antigone* die oben zitierte Frage in den Mund. Und um

406 v. Chr., zwanzig Jahre nach der Aufführung des »König Oidipus«, schrieb Sophokles seinen »*Oidipus auf Kolonos*«. [14]

Dieses letzte Werk des Sophokles wird allgemein als ein großes Mysterien-Spiel bewertet. Es ist sein Beitrag nicht nur zur geistigen Bewältigung des Athenischen Niederganges, sondern auch des Umbruches des antiken Bewußtseins an der Grenze zwischen den Archaischen Maßstäben der Frühzeit und der »Klassik«, die ein neues Zeitalter begründete, dessen erster Vertreter Oidipus ist. Es ist eine wesentliche therapeutische Funktion der »Antigone«, ihrem Schützling bei der Bewältigung seiner schwierigen geistigen Aufgaben zu helfen. Damit das gelingen kann, benötigt aber nicht nur der antike Oidipus, sondern auch heute noch jeder Mensch, der an dieser Schwelle steht und in dieser Situation unsere Hilfe erbittet, eine *menschliche* Zuwendung. Denn nach der harten diagnostischen Intervention des »Teiresias« bleibt »Oidipus« zunächst als ein Hilfloser, ein Geschlagener zurück. Antigone sieht den leidenden Menschen, und sie erkennt, daß er als erstes unsere fraglose Zuwendung braucht, indem wir ihn so annehmen, wie er jetzt in seinem Elend ist und sich fühlt.

Wenn Therapeuten ihren Klienten nicht die Möglichkeit zu bieten vermögen, sich geborgen zu fühlen und sich nach und nach vertrauensvoll bei ihnen niederzulassen – dann ist alles noch so gescheite »technische« Bemühen vergebens!

Zur »Antigone-Funktion« gehört aber nicht nur eine einhüllende Versorgungs-Haltung, sondern auch die Fähigkeit zum *Verzeihen*. Als der tobende Oidipus seine Söhne Eteokles und Polyneikes verflucht, mahnt ihn Antigone zur Versöhnung:

»Laß deinen schweren Groll, verzeih!«[14, p.725]

Die Fähigkeit zu verzeihen kann für Oidipus nur auf dem Boden des Friedensschlusses mit seinem weiblichen Inbild, seiner langsam erwachenden *Anima* erfolgen. – Antigone lebt ihm vor: Su-

che nicht dein Leben lang nach Schuldigen, die für alles Unglück verantwortlich gemacht werden können.

Auch *unsere* Eltern haben ihr Schicksal, das sie recht und schlecht zu meistern versuchten. Auch wir selber werden schuldig, ob wir es wollen oder nicht, und wir sind auf die Vergebung unserer Mitmenschen angewiesen.

>Laß deinen schweren Groll, verzeih<, denn
>Nicht zu hassen, mitzulieben bin ich da<.

Dieses hohe Ziel hat allerdings eine vorangehende, ehrliche Auseinandersetzung zur Vorbedingung. Jene Auseinandersetzung bedeutet im Falle des Oidipus, daß er seinen unfähigen, weil ungezügelt tobenden und begehrlichen Vater *in sich* erschlagen mußte. – Dieser Vater verkörpert, trotz guter intellektueller Begabung und technischer Fähigkeiten in der Kunst des >Wagenlenkens< einen Schatten-Aspekt des Oidipus, eben, weil er weder seine emotionale, noch seine geistige Triebkraft zu zügeln vermochte.

Im Hinblick auf seine Mutter war Oidipus zunächst einem tief in ihm schlummernden Sehnsuchts-Bild erlegen, nämlich dem Wunsch, in den Armen einer >mütterlichen Frau< zu gesunden. Weil er seine reale Mutter nie hatte wahrnehmen können, hatte er sie mit einem Projektionsbild verwechselt, hatte er nicht bemerkt, daß diejenige, die er als Frau >erkannte<, eigentlich seine Mutter war. – Die Rolle der >Jokaste< bei diesem Geschehen wurde schon angedeutet.

Wäre Oidipus nicht erblindet, so hätte sich zwischen ihm und seiner Tochter Antigone vielleicht mit umgekehrtem Vorzeichen der gleiche Irrtum wiederholt, wie in der Begegnung mit Jokaste, allerdings mit dem einen wesentlichen Unterschied, daß eine Antigone diesen Irrtum nicht unterstützt hätte. Auf diese Weise hilft auch eine heutige >Therapeutin Antigone< ihrem Klienten, den alten Irrtum nicht ewig fortführen zu müssen.

Der Oidipus des Sophokles konnte Antigone nicht mehr mit begehrlichen äußeren Augen ansehen. So lernte er, das Urbild der »Guten Mutter« *in* sich von der äußeren Realität zu unterscheiden, und mit dem, was er im äußeren Leben nicht mehr nachholen konnte, Frieden zu schließen.

Auf der Basis ihres liebevoll distanzierten und differenzierenden »Freundes-Dienstes« kann Antigone nun endlich wagen, ihren Schutzbefohlenen in den Heiligen Bezirk von *Kolonos* zu geleiten, wo sich, und »nur an diesem Ort« die feindlichen Rachegeister der Erinnyen in die wohlwollende *Eumeniden* gewandelt haben.

Dort, im Bezirk von Kolonos, rufen die dem verfemten und tobenden Oidipus ratlos gegenüberstehenden Bürger dieses Vorortes von Athen ihren König *Theseus* zuhilfe.

THESEUS

Die Lebensgeschichte des Theseus ist von Sagen reich umwoben. [15] Die Legende kennt ihn als Begründer des Athener Staates, der gleiches Recht für alle Bürger garantierte und die Schwachen und Hilfsbedürftigen schützte.

Ich will mich auf zwei wesentliche Mythen beschränken, die für unseren Zusammenhang wichtig sind.

Das ist erstens des Theseus *Fahrt nach Kreta und die Besiegung des Minotauros im Labyrinth von Knossos.*

Diese Erzählung ist weitgehend bekannt.

König Minos von Kreta heischte von Athen alle sieben Jahre den Tribut von sieben Jungfrauen und sieben Jünglingen, um sie seinem mißratenen Sohn, dem Minotauros zum Fraße vorzuwerfen, der in dem Irrgarten des Labyrinthes eingesperrt war.

Dort, in den Windungen der ur-weiblichen Behausung befand sich jener undifferenzierte Stier-Mensch. Der junge Königssohn Theseus meldete sich freiwillig zu dieser Fahrt, und mit Hilfe eines Fadenknäuels, welches ihm Ariadne, die Tochter des Minos, mitgab, vermochte er nicht nur in das Labyrinth einzudringen, sondern in dessen Zentrum auch das ungezügelt Männliche zu besiegen und dem Irrgarten wieder zu entkommen.

Indem er den Minotauros besiegte, gewann er Ariadne (seine Anima), die ihm half, dem Labyrinth zu entkommen, welches unter anderem ein Symbol der festhaltenden Mütterlichkeit ist.

Abb. 17:
Thesus und der Minotauros

Die zweite Mythe berichtet von des Theseus *Fahrt in die Unterwelt und seine Errettung durch Herakles*. Gemeinsam mit seinem Freund Peirithoos, einem Sohn des Königs der riesigen Lapithen, versuchte er, in der Unterwelt Persephone zu rauben.

Theseus war damals nicht mehr jung. Wir können ihn uns an der Schwelle zur zweiten Lebenshälfte vorstellen. Da mag es für ihn zwei Beweggründe für sein Abenteuer gegeben haben: *Zum ersten* wird Persephone als Tochter der Demeter allgemein die *Kore* genannt. Sie ist ein entzückendes junges Mädchen, das versonnen und ahnungslos auf einer Wiese spielt und Blumen pflückt. – Verspielt, zukunftsträchtig, und, gemeinsam mit ihrer Mutter, ist sie eine Vertreterin der Fruchtbarkeit der Erde. In dieser Gestalt wäre sie auch heute noch für jeden Mann im vorgerückten Alter höchst attraktiv, denn, wenn er ihrer »habhaft« werden könnte, so würde sie für sein männliches Selbstbewußtsein eine neue Stärkung und Verjüngung bedeuten.

Der *zweite Gesichtspunkt*, der von dem ersten gar nicht so weit entfernt liegt, wäre der, *Hades*, dem Gott der Toten und dem Gemahl der Persephone in der Unterwelt ein Schnippchen zu schlagen, und damit seiner Sterblichkeit zu entgehen, oder diese zumindest zu verschieben.

– Bleiben wir vorerst bei der *ersten* Version:

Theseus dringt mit Peirithoos in die Unterwelt ein und wird dort sogar gastlich empfangen. Lächelnd fordert Hades die beiden Männer auf, auf den »steinernen Bänken« des Hauses Platz zu nehmen. Aber da geschieht etwas Furchtbares, denn diese Steinbänke lassen niemanden mehr los. Beide sind wie versteinert, und Theseus erkennt, daß Persephone als Unterweltskönigin keineswegs das reizende junge Mädchen ist, nach welchem er verlangte, sie ist hier eine furchterregende Herrscherin von Urzeiten her. Jeder Mensch, der »wissend« in ihre Nähe kommt, fürchtet sie und vermeidet ihren Blick, wie wir aus des Odysseus Unterweltsfahrt in Homers Odyssee wissen. [16] Der Todesblick

der Persephone traf Theseus und seinen Freund, so daß sie völlig erstarrt auf jenen Steinbänken sitzen bleiben mußten. Nicht nur der leibliche, auch der seelische Tod ist ein Zustand der absoluten Bewegungs-Unfähigkeit. Die Zeit steht still, nichts geht mehr weiter. Theseus wäre in alle Ewigkeit hier sitzen geblieben, fixiert an die Wünsche seiner »zweiten Pubertät« und der Enttäuschung darüber, daß »ewige Jugend« nicht geraubt werden kann.

Zum Glück führte aber seine zwölfte und schwerste Aufgabe den Sonnen-Helden Herakles in die Unterwelt, wo er den Wächter des Hades-Reiches, Kerberos, rauben sollte. Herakles bewältigte die übermenschliche Arbeit – und befreite dabei auch Theseus, während Peirithoos in der Todesstarre sitzen bleiben mußte. Herakles wurde nach dieser Anstrengung wahnsinnig und erschlug seine Gemahlin Megara und seine drei Söhne in der Vorstellung, sie wären seine Feinde. Nachdem er wieder zur Besinnung gekommen war, hatte sich Herakles verzweifelt in seinen Mantel verkrochen. Da kam Theseus, den er gerettet hatte, und rief Herakles als seinen Freund an:

>»Dich ruf ich ... Erhebe dich, enthülle
>dein unselig Haupt, blick auf zu mir ...«[17, p.250, 351]

Als Herakles nur verzweifelt stöhnt:

>»Anreden darf mich keiner mehr in meinem Leid ...
>Ich bin verbannt ... Die Erde ruft mir wehrend:
>nicht berühre mich!
>Mir wehrt das Meer, der Ströme Quellen wehren mir ...«,

und als Herakles fürchtet, den Sonnengott Helios durch seinen Anblick zu entweihen, da antwortet ihm Theseus:

>»... *Du* verunreinst als *Mensch* die Götter nicht«.

Und dem, der sich von aller Welt verbannt und verdammt fühlt, sagt der König von Athen:

>»Was aber wirst du sagen, wenn nur du, der Mensch,
unmäßig grollst dem Schicksal, und die Götter nicht?
So räume Theben, weil der Brauch es also will,
und folge mir in Pallas' hochgepriesene Stadt.
Dort wasch ich deine Hände von Befleckung rein,
und geb ein Haus und meines Schatzes Hälfte dir ...«

Theseus nimmt den auf, der heimatlos umhergetrieben ist. Er steht zu ihm, als ein Freund, und verleiht dem Schutzlosen das Bürgerrecht in seiner Stadt. – Und Herakles, der in seinem Leben noch nie geweint hatte, entschließt sich zum Weiterleben:

Herakles: Ich halt' dem Leben stand, ich zieh' in deine Stadt ...,
Nun muß ich untertan dem Schicksal sein.«

Im Schluß-Dialog der beiden Freunde können wir miterleben, was in dem übermenschlich starken Herakles vor sich ging, als Theseus sich seiner annahm:

Theseus: »Erhebe dich, der Tränen, Armer, sind genug!«
Herakles: »O Freund, *ich kann nicht,* meine Glieder sind erstarrt.«
Theseus: »Laß ab und gib dem dienstbereiten Freund die Hand!«
Herakles: »Daß ich mit Blut nur nicht beschmutze dein Gewand!«
Theseus: »Befleck' es immer ohne Scheu, ich wehr es nicht.
Schling um den Nacken mir den Arm, *ich führe dich.*«[17, p.356]

Wenn man den Weg des Theseus in die Unterwelt und sein Erleben mit Herakles als *äußere Realität* betrachtet, dann war zunächst Theseus ein leichtsinniger Frauenräuber, dem seine Unternehmung im Reich des Hades beinahe das Leben gekostet hätte. Seinem Retter Herakles vergalt er die Wohltat der Errettung aus der Totenwelt mit einer schönen, unverbrüchlichen Freundschaft, als Herakles selber in Not geraten war. Er nahm ihn in seine Stadt auf, teilte mit ihm alles, was er besaß und entsühnte ihn dem Brauch der Zeit entsprechend. – Betrachtet man das gleiche auf der *subjektiven Ebene*, also als inneres Rei-

fungs-Erleben des Theseus, dann werden wir Zeugen einer Initiation auf der Grenze zur zweiten Lebenshälfte. Der Versuch, sich »Verjüngung« in Gestalt eines jungen Mädchens zu rauben, war mißlungen, denn Theseus erfuhr bei seinem Abenteuer ein ganz anderes Gesicht des Weiblichen, nämlich dasjenige der *Todes-Mutter*, eines festhaltenden Mutter-Archetypus. Er wäre für immer in der Erstarrung der »steinernen Bänke« des Hades verblieben, wenn sich *in* ihm nicht im letzten Augenblick eine erwachsen männliche Kraft geregt hätte, die ihm nun im Bild des »Herakles« zuhilfe kam. – Theseus mußte in jener verzweiflungsvollen Lage, in der er seine Verhaftung an pubertäre Wünsche erkannte, hinter denen letztlich die Sehnsucht nach dem paradiesischen Zustand bei einer immer jugendlichen und gewährenden Mutter steckte, seine *auch* in ihm bereitliegenden »Herakles-Kräfte« aufwecken und auf's äußerste anspannen, um sich loszureißen. Dabei kam er dem »Wahnsinn« nahe. Denn wenn ein Mann sich »er-mannt« und von seiner irrealen Beziehung zu einer »traumhaften Liebe« mit einer Partnerin losreißt, die nicht seiner Generation entspricht, dann ist das nicht selten mit der Phantasie gepaart, vorher seine ganze Familie aus dem Wege räumen zu wollen. Denn seine Ehe und die Kinder sieht er zur Zeit seiner »Odyssee« lediglich als ein Hindernis auf dem Weg zu der vermeintlichen idealen »Liebe«. Theseus bewältigt die Krise mit einer wahrhaft »herkulischen« Anstrengung, er stößt an seine Grenzen, er erlebt sich als verfemten Schuft und als einen Menschen, von dem niemand etwas wissen will.

Aber es gelingt ihm *auch*, sich in dieser wahrhaft nicht heldenhaften Schwäche anzunehmen, sich »entsühnen« (verzeihen) zu lassen, und nun seinerseits eine »Polis« zu gründen, in welcher Schwache und Kranke das gleiche Lebensrecht haben wie die starken »Helden«. In dieser »Polis« kann dann auch der verfemte Oidipus seinen Platz finden.

Theseus verfügte nach alledem über eine reiche Erfahrung, sowohl im Umgang mit negativ Männlichem (z. B. im Umgang mit

Wegelagerern und dem undifferenzierten Minotauros), als auch der positiven Wandlung männlicher Kraft, die ihm im Bild des Herakles half, die Krise der inneren Erstarrung zu bestehen.

Die Begegnung des Theseus mit Oidipus auf Kolonos

Als Oidipus in dem Heiligen Hain der Erinnyen ankommt, die sich »nur an diesem Ort« in die »Wohlwollenden«, die Eumeniden verwandelten, da erweist es sich, daß sein »Weg nach innen«, auf den Teiresias ihn geschickt hatte, nicht vergeblich war. – Er läßt sich dort nieder, wo er spürt, daß er zum Frieden mit sich und zur Versöhnung mit dem inzwischen positiv verwandelten Mutter-Archetypus *in* sich gelangen kann. Zielsicher bleibt er hier, obwohl sich zunächst noch einmal alles zu wiederholen scheint, was ihn von Kindesbeinen an verfolgte. – Denn als die Einwohner von Kolonos ihn entdecken, sind sie entsetzt, weil der Fremde unberufen in ihren Heiligen Hain eingebrochen ist. Das kam einem symbolischen Inzest gleich.[(zit. nach 7, p.155–161)]. Als Oidipus sich versteckt, um zu hören, was über ihn geredet wird, setzt sofort eine wahre Hetzjagd auf den ungewollten Eindringling ein, den die Koloner so schnell wie möglich wieder loswerden wollen.

Entsetzt rufen sie aus:

> »Seht zu, wer es war, wo er steckt,
> wohin dieser Fremde verschwand,
> der vor nichts mehr zurückschreckt!
> Sucht ihn, entdeckt ihn, späht rings umher!«

Als sich der Gesuchte zeigt, entfährt ihnen der Schrei:

> »Beschütze uns Zeus! Wer ist dieser Alte?!«

Sie wollen seinen Namen und seine Herkunft wissen und bestehen darauf:

> *»So sage, wer du bist.«*

Da stößt der verzweifelte Oidipus hervor:

>Nein, nein, nein! Fragt mich nicht, wer ich bin!«

Als man dann endlich seinen Namen aus ihm herausgepreßt hat, erfolgt sofort die gefürchtete Aufforderung:

>Hinweg! Weit fort! Geh fort aus dem Land!
Verlaß dieses Heiligtum!
Eilends entferne von unserem Gebiete dich!
Werde nicht länger zum Frevler an unserer Stadt!«[14, pp.561–657]

Was hat wohl seinerzeit das stets mehrdeutige Orakel gemeint, als es dem jungen Oidipus die Schreckensbotschaft zukommen ließ, daß er seine eigene Mutter heiraten müsse?

Wenn man versucht, den Delphischen Spruch vom heutigen Verständnis her zu deuten, so kann man etwa sagen:

Du wirst in deine Heimatstadt Theben kommen. Dort hast du als neuer König nach altem Brauch die Heilige Hochzeit mit der verwitweten Königin zu vollziehen, die du dort antriffst. Du wirst also an die alte Tradition anknüpfen müssen. Aber wehe dir, wenn du meinst, daß uralte Traditionen wörtlich weiter praktiziert werden müssen, wenn ihre früher gültige Form abgelaufen ist! Denn gleichzeitig bist du durch die Verfehlung deiner Vorfahren und durch dein eigenes Geschick dazu bestimmt, in dieser »Königin« deine eigene Mutter zu »erkennen«, im doppelten Sinn des Wortes. Indem du die alte Heilige Handlung wörtlich vollziehst, wirst du über deinen Irrtum stolpern und ein Verbrechen begehen! Das war der Fluch einer neuen Stufe des »Erkennens«, eines neuen Bewußtseins-Schrittes, der Oidipus in einen fast unlösbaren Zwiespalt stürzte.

Oidipus entheiligte das Land, die Erde, und nun den Heiligen Hain der »Großen Göttinnen« in Kolonos, weil er den kultischen Brauch noch nicht von der persönlichen Handlung unterscheiden konnte. Auch der früher übliche rituelle Königsmord

kann ein symbolischer Vater-Mord sein. Aber anstatt symbolisch den alten »König« zu töten und damit die Herrschaft zu erneuern, brachte Oidipus unwissend seinen realen Vater um. Statt symbolisch mit der Mutter-Erde, der Göttin oder der Königin die kultische Hochzeit zu vollziehen, beging er den Inzest mit seiner persönlichen Mutter.

Oidipus wurde nun in Kolonos zu einer »Beichte« gezwungen, die es ihm ermöglichte, bald danach bewußt einen neuen *symbolischen* Weg zu beschreiten. Auf diesem Weg wurde ihm *Theseus* zum Helfer, indem er sich als *Mensch* neben den Menschen stellte. Theseus half dem verfemten Oidipus *zurück in die menschliche Gemeinschaft* mit den Worten

> »Vertrauensvoll ergreif ich seine Hand und *mache ihn zum Bürger meines Landes*«.[14, p.693]

Was sich weiter auf diesem letzten Weg des Oidipus mit Theseus ereignete, ist bewegend, weil nun plötzlich der »Blinde« die Führung übernimmt. Gleichzeitig mit seiner eigenen letzten Wandlung läßt der »Patient« Oidipus seinen Helfer an dieser Initiation teilhaben. – Keine Therapie gelingt, in der sich nicht Therapeut und Klient gleichermaßen einlassen!

Der Oidipus der Dichtung nimmt nun ein rituelles Bad aus der Quelle der »Grün prangenden Demeter«. Symbolisch taucht er noch einmal in den Mutterleib ein, und diesmal versöhnt er sich mit dem Mutter-Archetypus; und die Mutter-Erde, die Demeter heißt, versöhnt auch ihn. Endlich gelangt er zum Frieden mit sich und mit dem vorher mißverstandenen Weiblichen. Was danach geschieht, erfahren wir nur in Andeutungen.

Im Unwetter, in Blitz und Donner wird er an die Schwelle seines letzten Überganges gerufen. Dort bleibt er allein mit Theseus und vertraut diesem sein letztes »Geheimnis« an, dessen verbalen Inhalt wir nicht erfahren. Der »Bote«, der von ferne zusah, berichtet nur, daß Theseus die Hand vor seine Augen hielt, wie,

um sich gegen ein großes Licht zu schützen. Der Text beschreibt es folgendermaßen:

> Bote: »Doch als wir aus der Ferne bald darauf
> die Blicke wandten, sahen wir genau,
> daß Oidipus nicht mehr zugegen war,
> und daß der König seine Hand als Schild
> vor's Auge hielt, als hätte schaudernd er
> ein unerhörtes Bild vor sich erblickt.
> Nach einer kleinen Weile sah man ihn
> sich bis zum Boden neigen, und zugleich
> zum Göttersitz erheben sein Gebet.«[14, Vers 1647–1655]

In diesen Versen wird wahrscheinlich geschildert, was die Mysten auf dem Höhepunkt der eleusinischen Mysterien erlebten, worüber aber nicht gesprochen werden durfte. Wir wissen darüber lediglich, daß man weithin den Schein eines Feuers erblickte und daß der Hierophant das Ereignis verkündete, das heißt, eigentlich »erscheinen« ließ:

> »Einen heiligen Knaben gebar die Herrin (Persephone),
> Brimo den Brimos: – das heißt: die Starke den Starken«.

So berichtet es der Kirchenvater Hippolytos, der dem Ereignis in spät-hellenistischer Zeit beiwohnte. [18]

Der Gott der Unterwelt hatte gerufen. Die »Kore« erschien, und im hellen Lichtglanz ereignete sich die Geburt des Göttlichen Kindes, des alten Symbols der seelischen Erneuerung des Menschen und der Schöpfung.

Zum Abschluß unserer Betrachtung über die therapeutischen Funktionen der »Antigone«, des »Teiresias« und des »Theseus« bleibt noch die Frage offen, wie diese drei Therapeuten im übertragenen Sinne *in heutigen Therapien* in Erscheinung treten können.

Die Reihenfolge steht nicht fest – im Grunde genommen müssen diese drei Gestalten in jeder Therapie latent gleichzeitig an-

wesend sein. Bald tritt der eine, bald die andere deutlicher in den Vordergrund. Eines aber ist sicher: nach einem alten Spruch aus der griechischen Medizin setzten die Götter *vor* die Therapie die *Diagnose*.

Jede Diagnose ist etwas vorläufiges, etwa, was den Ärzten zunächst eine Art Leitseil vermittelt, an das sie sich aber nie anklammern sollten.

Die Diagnose ist *eine* der Funktionen des inneren Scharfblickes des »*Teiresias*«. Sie wird durch genaue Beobachtung und oft durch eine halbbewußte Intuition gestellt. Das vermag »Teiresias« kraft seiner gut geschulten Innen-Schau. – In der Regel aber wird »Teiresias« bei frühgestörten Patienten bald zurücktreten. Er soll zwar beobachtend im Hintergrund sitzen, aber je früher die Störung des Menschen verankert ist, der unsere Hilfe aufsucht, umsomehr ist »*Antigone*« gefordert.

Ich will hier keine ausführlichen kasuistischen Darstellungen geben. Diese gehören in geschlossene Seminare. Lediglich bei der »Antigone-Funktion« will ich zwei kurze Streiflichter auf lange vergangene Situationen meiner Anfänger-Zeit werfen, um das Gemeinte plastisch werden zu lassen.

Als junge psychiatrische Assistentin hatte ich in der Klinik die unruhige Wachstation zu betreuen. Dort standen damals noch 30 Betten. Die Patientinnen dieser Station tobten zum Teil, die anderen lagen mehr oder weniger unbewegt in ihren Betten. Bei meiner Visite kam ich an ein Bett, das mit einem Netz überspannt war. Darunter war ein undefinierbarer Haarschopf erkennbar und ein Mensch, von dem eine Atmosphäre von auf's äußerste angespannter Angst ausging. – Als ich die mich begleitenden Schwestern bat, das Netz zu entfernen, warnten sie mich, gaben aber nach. Dann fragte ich die Patientin, ob ich mich zu ihr ans Bett setzten dürfe und entließ die Pflegerinnen. Kaum saß ich auf der Bettkante, da kam unter der Decke eine Hand hervor und hielt mich mit eisernem Griff fest. Das dauerte etwa

15 Minuten. – Da ich aber insgesamt 80 Patientinnen zu betreuen hatte (!), sagte ich der Kranken, ich müsse erst meine Visite bei allen anderen beenden. Sie möge mich jetzt loslassen, ich käme bestimmt nach etwa zwei Stunden zurück. Darauf löste sich der Griff um meine Hand zögernd. Nach der versprochenen Zeit kam ich wieder, gab der Frau meine Hand und blieb etwa eine Stunde schweigend sitzen. Dieses Ritual wiederholte sich täglich, wir übten sozusagen »Festhalten – Gehaltenwerden« und wieder »Loslassen«. Als sie sich darauf genügend verlassen konnte, kam es zum Blick-Kontakt und langsam zum weiterführenden Gespräch in meinem Dienstzimmer.

Jahre später kam in meine ambulante Sprechstunde eine schwer depressiv gehemmte Patientin. Sie berichtete mühsam ihre Vorgeschichte, in der vor allem ein in jeder Beziehung überfordernder Vater und eine machtlose Mutter eine Rolle spielten. Anschließend erschien sie pünktlich zweimal pro Woche, sagte freundlich guten Tag und auf Wiedersehen, – und dazwischen schwieg sie, fast ein Jahr lang. Ich ließ sie gewähren, als sie, mir halb den Rücken kehrend, einfach still dasaß und in meinen Garten hinaus sah. Von ihr ging eine ruhige, mehr und mehr gelöste Atmosphäre aus. Eines Tages drehte sie sich dann um, sah mich voll an und sagte: »Ist das eine Wohltat, daß man bei Ihnen gar nichts muß«. Damit war die »Antigone-Phase« beendet und die eigentliche analytische Arbeit konnte beginnen.

»Antigone« nimmt einen Menschen auf und gewährt ihm, was er als Nötigstes bedarf. Sie vermittelt einen schützenden Raum, fordert nichts und sorgt lediglich dafür, daß ihr Schutzbefohlener die nötige »Nahrung« erhält (das kann gelegentlich durchaus real ein Glas Saft oder heißer Tee sein), und sie sorgt dafür, daß er langsam beginnen kann, seinen eigenen Weg unter den Füßen zu spüren und zu benutzen. Auch dann, wenn er, ein wenig sicherer werdend, beginnt, über die »böse Umwelt« zu schimpfen, bleibt sie bei ihm – aber nun wird es langsam Zeit, daß der im Hintergrund beobachtende »Teiresias« sich zeigt. – *Irgendwann ist es genug der bloßen Fürsorge.*

Ich habe das einmal an dem Märchen von »Einäuglein, Zweiäuglein und Dreiäuglein« der Brüder Grimm [19] dargestellt:
dort erhält das von ihrer Familie malträtierte »Zweiäuglein«, als
es weinend an einem Wiesenrain sitzt, von einer freundlichen alten Frau den Rat, zu der gefräßigen Ziege, die das Kind hüten
muß, ein Sprüchlein zu sagen: »Zicklein meck, Tischlein deck«,
und sofort standen die herrlichsten Speisen vor dem hungrigen
Mädchen. Es durfte sich endlich sattessen, und es mag sich ge-
fühlt haben, wie im Paradies. – Doch bekanntlich ist jener Zustand der problemlosen Freude und Fülle dem Menschen auf
die Dauer nicht zuträglich. Zweiäuglein mußte unter Schmerzen die »Gute Ziege« oder »Milchkuh« wieder opfern, und erst
danach konnte ihr Leben fruchtbar weiter verlaufen.

Die Zeit der »Antigone«, die zunächst hilfreich und gut war, ist
abgelaufen und darf nicht verlängert werden, wenn unser Klient
soweit ist, daß er *eigene* Schritte zu wagen beginnt. Begingen wir
in diesem Augenblick den Fehler, ihn weiter »festhalten« zu
wollen, oder würden wir seinem vielleicht unter Tränen geäu-
ßerten Verlangen nachgeben, es möge alles weiterhin so »fried-
lich« bleiben, dann drohte die Gefahr der negativen Regression.

Wer – nur noch das eigene innere »Größen-Selbst« päppelnd –
findet, daß an allem Ungemach nur übelwollende »andere«
schuldig seien, der benötigt nun die Hilfe des »*Teiresias*«.

»Teiresias« fordert: schau genau hin! Nicht ein tyrannischer Vater, Vorgesetzter oder Politiker fügt dir dieses Ungemach zu, über
das du dich beklagst (und welche Personen und Umstände du vielleicht sogar, objektiv gesehen, zurecht bemängelst!). Die Unfähigkeit all dieser Menschen kann dich zwar im Augenblick ärgern,
aber was uns über das Maß ärgert und uns das ganze Leben zu ver-
sauern droht, hat meistens auch etwas mit uns selber zu tun, weil es
ein getreues Spiegelbild unserer eigenen seelischen Unordnung
und tyrannischen Impulse ist. »Teiresias« sagt:

> »Kein Kreon fügt dir dieses zu – Du selbst,
> Du Dir!«

»Teiresias« muß standfest sein, denn sein Patient wird nicht nur allen geschliffenen Intellekt aufbieten, den er als ein »Früh-Gestörter« in besonderem Ausmaß entwickelt hat, um seinem Therapeuten zu beweisen, wie unfähig, dumm, ja hinterhältig er sei und außerstande, das eigentliche Anliegen seines Klienten zu verstehen. Gepaart mit unverarbeiteter, undifferenzierter infantiler Wut (wo sollte er es auch bisher anders gelernt haben?!) sind diese Attacken nicht leicht auszuhalten. Zum Glück aber verfügt zumindest der Teiresias der Sage über eine reiche Lebenserfahrung, die nicht nur viele Generationen umfaßt, sondern auch männliches *und* weibliches Empfinden. Einem Arzt kann im Blick auf diesen »Teiresias« wind und weh werden! Aber vielleicht kann der Helfer die richtige Schneise finden, wenn er, ganz gleich, ob er einen Mann oder eine Frau vor sich hat, fragt:

»Weißt du denn, wer du bist?«

Es ist zwar wichtig, wer deine Eltern waren und aus welcher kulturellen und sozialen Schicht du stammst, aber wesentlicher ist *jetzt* die Frage, welche Möglichkeiten du in dir selbst entdeckst und was *du* mit der Zeit aus deinen Anlagen und Gegebenheiten zu machen lernst.

»Teiresias« muß seinem zunächst bei »Antigone« »therapeutisch regredierten« Patienten oft harte Wirklichkeiten sagen – und nicht nur der »Oidipus« der Sage tobt. Es kann doch nicht wahr sein, was dieser heimtückische Alte (oder diese Hexe!) da sagt, der auch noch behauptet, ein »Seher« zu sein, das heißt, alles »richtig« zu sehen!

Wenn dann eine nüchterne Wahrheit ans Licht kommt, bricht die Krise mit voller Wucht herein. Krisis heißt »Wende«. »Oidipus« reagiert auf diese Erschütterung mit den Möglichkeiten, die ihm bis dahin zur Verfügung stehen. Wenn er begreift, daß er nicht mehr nach *außen* toben kann, richtet sich seine Wut oft gefährlich gegen sich selber. Er ist dem Selbstmord nahe, wenn er all sein

einseitig intellektuelles Wissen von sich wirft, indem er seine vermeintlich so scharf sehenden Augen in Zorn und Verzweiflung zerstört. Wenn er dabei, mit den Worten der Sage ausruft: »So schaut im Finstern, was ihr nicht gedurft«, so sind diese zweideutigen Worte noch weit von dem entfernt, was der tiefere Sinn der äußeren »Blendung« sein kann: von einem Opfer und der wandelnden Symbolik jedes echten Opfers ist noch keine Rede.

Da greift nochmals »Teiresias« helfend ein mit dem zunächst hart klingenden Satz: »Nun geh ins Haus und sinne nach«. »Geh in dich«, das meint eine totale Umkehr, (die Umkehr im Zentrum des Labyrinths) und es bedeutet zugleich die Aufforderung: horche auf die Stimme in deinem eigenen Inneren, vielleicht wird dir dann mit der Zeit ein »Inneres Gesicht« aufleuchten, kraft dessen du den schmalen Pfad des »Heilwerdens« als deinen eigenen, inneren Weg erkennst. – Man kann das den Weg des »Mythischen Schauens«, oder des »Mythischen Denkens« nennen.

Ein Griechisches Lexikon gibt zu diesem Begriff nähere Auskunft.

Mýo	bedeutet: a) sich schließen
	b) die *Augen schließen*
Mythos	ist die *Erzählung*
mythológeo	heißt: *ich erzähle*
mythéomai	heißt: *erzählend deuten.*

Wenn nun in einer konkreten therapeutischen Situation das »Antigone-Stadium« beendet ist und aus der »Kleinkind-Regression« der junge »Oidipus« erwacht, dann sucht er nach neuen Wegen der Beziehung in der Welt, und das spiegelt sich auch in der Analyse und in seiner Beziehung zum Therapeuten. Der Analysand oder die Analysandin sind ja körperlich erwachsene Menschen, und so tauchen auch im Hinblick auf die Therapeuten öfter sexuell gefärbte Wünsche und Phantasien auf. Innerhalb einer Analyse besteht nun einmal eine intensive Beziehung

zwischen zwei Menschen, und ein intensiver Kontakt drückt sich oft in sexuellen Bildern aus. *Bilder sind Symbole*, auch dann, wenn sie leiblich empfunden werden.

Wenn wir die Aufforderung des »Teiresias«: »Nun geh ins Haus und sinne nach« ernst nehmen, dann kann das nach der eben dargetanen wörtlichen Ableitung etwa zu dem Vorschlag führen: »Versuchen Sie jetzt, die Augen zu schließen. Geben Sie Ihren Phantasien und Wünschen vollen Raum und erzählen Sie, was Sie dabei erleben«. (Die rechten Worte muß natürlich jeder Analytiker im gegebenen Augenblick selber finden).

Das Ergebnis solcher Imagination kann sehr unterschiedlich ausfallen. Im günstigsten Fall rückt sich relativ leicht alles ins richtige Maß, das heißt, innerer Wunsch und äußere Realität werden getrennt und am richtigen Ort gelebt, wenn die Zeit dazu gekommen ist. Innerhalb der Analyse ist für ein konkretes Agieren kein Platz. Die frühe Verknotung, der »Komplex« löst sich auf.

Es kann aber durchaus auch sein, daß die vorgeschlagene Innenschau (Imagination) noch nicht verstanden wird, weil ein Patient noch hartnäckig an seinen infantilen Wünschen festhält und verlangt, von seinem Analytiker real in den Arm genommen und gestreichelt zu werden. In diesem Fall hat »Teiresias« noch eine lange und harte Arbeit zu leisten, denn er weiß nicht, inwieweit seine Analysanden fähig und willens sein werden, ihr kleinkindliches Stadium zu opfern.

Wir wollen noch einen Augenblick dabei verweilen, wie es gehen kann, wenn die innere, die symbolische Wirklichkeit mit der äußeren, realen Wirklichkeit verwechselt wird. Dazu gibt es eine treffende Schilderung in *Goethes Faust*-Dichtung.

Im ersten Teil bekommt Faust aus einem Hexenkessel ein Elixier zu trinken, zu dem Mephisto die Erklärung abgibt:

> »Du sieht mit diesem Trank im Leibe
> Bald Helena in jedem Weibe.«[20]

Im zweiten Teil der Dichtung werden im Rahmen der »klassischen Walpurgisnacht« Paris und Helena beschworen. Aber Faust, der diese »Beschwörung« (Imagination) inszeniert, verliert die Kontrolle über das innerseelische Geschehen und greift nach dem Bild der Helena, als sei sie eine reale Frau. Die Folge ist eine furchtbare Explosion. Der innere Ablauf ist zerbrochen – oder – die Analyse zerstört, falls der Analytiker die Torheit begeht, dieses Verwechsel-Spiel für äußere Realität zu nehmen und mitzumachen. Aus »Antigone« wäre in diesem Fall eine »Jokaste« geworden, aus einem männlichen Analytiker wahlweise ein Don Juan, oder, im schlimmeren Fall, wieder ein verkappter Oidipus.

Die *positive Wandlung*, die zeigt, daß ein Symbol wirksam wurde, zeigt etwa der Traum eines Mannes, der träumte, wie seine Analytikerin in feierlicher Zeremonie zerstückelt wurde. Der Träumer hatte die Aufgabe, eine dazugehörige »Friedens-Liturgie« zu zelebrieren. In solchem Traum kann sich das fällige Ende einer Analyse ankündigen, und dann ist die Zeit des »*Theseus*« gekommen.

Die Aufgabe des *heutigen Therapeuten* »Theseus« fällt vorwiegend in die Schlußphase einer Analyse. Er hilft seinen Patienten vollends, den letzten »Knoten« des – zunächst hilfreichen – Übertragungs-Komplexes auf seinen Analytiker zu lösen. Manchmal ereignet sich diese Lösung innerhalb von wenigen Stunden, etwa nach dem Auftauchen eines hilfreichen Traumes. Oft aber ist es noch einmal eine Wegstrecke, die intensiver Arbeit bedarf. Während dieser Phase lernt der Analysand vollends, seine wirklich eigenen Wünsche und Ziele von jenen des Analytikers zu unterscheiden, und im gleichen Maß nimmt er auch mehr und mehr wahr, daß der Analytiker ein Mensch ist, wie alle anderen auch, der neben dem Beruf (und hoffentlich gleichgewichtig dazu!) auch noch ein persönliches Leben führt.

In dem Ausmaß, in welchem solche Unterscheidung *wirklich* wird, »wirkt« sie, sie bewirkt diejenige Freiheit des Denkens und Handelns, die im Bereich des Menschenmöglichen liegt.

»Theseus« geleitet »Oidipus« bis zu der entscheidenden Schwelle, an der das einengend Althergebrachte (der »Kokon« der Raupe) zerbricht und der »Schmetterling« seine Flügel ausbreitet und fortfliegt.

Solcher Aufbruch kann zu einem neuen Leben mit *anderen* Menschen führen, oder es stellen sich neue Beziehungsformen innerhalb alter Bindungen ein. »Freiheit« meint niemals Bindungslosigkeit, aber ein richtiges Maß auf Gegenseitigkeit.

In der Dichtung des Sophokles stirbt Oidipus, das heißt, er geht in einer letzten Verwandlung seines Lebens in eine unbekannte, neue Dimension ein. Das kann real oder symbolisch verstanden werden. Real zerbricht eines Tages unser Körper im Tod. Aber symbolisch sterben wir lebenslänglich viele Tode, ohne die keine »neue Geburt« und keine Freiheit denkbar ist.

Abschluß

Nach der besinnlichen Lektüre des Weges des Odysseus – und, aphoristisch, des Oidipus, kann sich der Leser noch die Frage stellen, worin sich die Gestalt z. B. des Teiresias im Umgang mit Odysseus, oder mit Oidipus unterscheidet?

Soweit dies nicht aus dem bisherigen Text deutlich genug hervorgeht, soll das diesbezüglich Wesentliche hier noch einmal konzentriert zusammengefaßt werden.

Es ist wichtig, die kulturhistorische Situation zur Zeit Homers und zur Zeit des Sophokles zu rekapitulieren. Denn zwischen 1200 und 800 v. Chr. galten andere kollektiv-menschliche Gegebenheiten, als nach den Persischen Kriegen um 500 v.Chr. Diese grundlegend verschiedenen geistigen Ausgangslagen können am Beispiel der Betrachtung des »Alten Weisen« *Teiresias* besonders deutlich erkannt werden. Als Odysseus in die Unterwelt des Hades hinabsteigt, trifft er dort den »Seher«, der die Zukunft prophezeit, und der selber »in grauer Vorzeit« gelebt hat. Er ist also keine greifbare Persönlichkeit, sondern der Repräsentant eines menschlichen *Archetypus*, der nicht »draußen« zu suchen ist, sondern in der kollektiv-unbewußten Seelenschicht der Menschheit. Dort »lebt« eine Weisheit des allgemein menschlich »Richtigen«, die, wenn sie an unser Bewußtsein rührt, die Gestalt eines weisen alten Mannes, oder einer »kundigen« alten Frau annimmt, die in kritischen Situationen sagt, was nottut.

Die Bewältigung von Umbruchs-Situationen unseres Lebens und unseres Bewußtseins waren früher kultisch geregelt. So steigt Odysseus in der Mitte seines Lebens in den Hades, jene »untere Welt«, in welcher sich der Mensch mit dem Tod, mit allem, was in seinem Leben, in seiner bisherigen Lebensauffassung »sterben« muß, auseinandersetzt. Dort begegnet er den »Eidola«, den Bildern dessen, was Menschen, die ihm nahestanden, einst waren, aber nicht mehr sind: Man kann nicht nach ihnen greifen. Sie sind nicht mehr rational zu be-greifen.

In dieser Situation taucht der Archetypus zunächst des Mütterlichen, hier im *Bild* der Antikleia (der realen Mutter des Odysseus) auf, und sie sagt dem Sohn, daß nach dem Tode alles *anders* ist, eben nicht mehr greifbar. Und insofern ist dieses Seelenbild der Mutter kein realer Mensch mehr.

Noch viel deutlicher wird diese ganz andere Schicht der geistigen Wirklichkeit in der Gestalt des Sehers Teiresias, der ein Typus des alten Sehers ist, der in die Zukunft schaut. Das heißt, daß er dem realen Menschen Odysseus zeigt, daß sein Weg zu keinem eindeutigen »happy end« führen kann, sondern daß jede Lebensstufe neue Anforderungen an ihn stellen wird, und daß vorher andere Stufen sterben müssen, welche vor allem durch seine »Gefährten« repräsentiert waren. Teiresias ist für Odysseus wie ein Gestalt gewordener Wegweiser an seinem Lebensweg, eine »Gestalt«, die Odysseus wahrnimmt, wenn er in die untersten Tiefen seiner kollektiv-menschlichen Unbewußtheit hinab steigt. In dieser Region taucht für den realen Menschen aus seinem eigenen Innern der helfende, wegweisende Archetypus auf.

Odysseus lebte in einer Kulturschicht, in welcher derartige Erlebnisse – auch Begegnungen mit Göttern – noch zur Lebens-Wirklichkeit eines Menschen gehörten.

Einer anderen Bewußtseinsschicht gehört der Oidipus in der Dichtung des Sophokles an. Man kann ihn den »ersten modernen Menschen« nennen. Er hatte die Verbindung zur Welt der Archetypen verloren, deshalb bedurfte er der Hilfe von *realen Menschen*, wie sie in den Gestalten des Teiresias, der Antigone und des Theseus in den beiden Dichtungen des Sophokles beschrieben werden. Wie der »Oidipus« des zwanzigsten Jahrhunderts, so muß auch die Gestalt der Dichtung (vor 2500 Jahren!) den »Weg nach innen« lernen, eines Weges, der zunächst über äußerst schmerzhafte Stolpersteine (Erkenntnisse) in der äußeren Welt führt, bevor die Begegnung mit dem heilsamen Archetypus im eigenen Inneren wieder möglich wird.

Der reale Mitmensch (Teiresias) konfrontiert »Oidipus« mit der Notwendigkeit, konkret zu fragen: »Wer bin ich?«. Der reale Mitmensch (Antigone) betreut den äußerlich Erblindeten, bis er zur Schau seiner inneren Wirklichkeit und damit zur Aussöhnung mit dem mütterlichen Archetypus gelangen kann. Auch Theseus möchte ich im Zusammenhang mit dem Oidipus des aufkeimenden Sophismus, und mit dem Oidipus des zwanzigsten Jahrhunderts als *realen* Menschen und Helfer betrachten – wobei es je und je geschehen kann, daß uns auch in der Begegnung mit irgend einem greifbaren Menschen ein Archetypus durchschimmert und uns für Augenblicke zur heilenden »Wirklichkeit« wird.

170

Anmerkungen
(zu Odysseus)

1 Wolfgang Helck, Betrachtungen zur Großen Göttin und den ihr verbundenen Gottheiten, R. Oldenbourg 1971.
2 Günter Dietz, 1988, S. 94.
3 Günter Dietz, 1971, S. 16.
4 Wolfgang Schadewaldt, König Oidipus, Übersetzung und Kommentar, S. 88, Inselverlag, T.B. Nr. 15, 1981.
5 Wer sich unbefangen mit der Odyssee des Homer beschäftigt, nimmt noch heute meistens die Übersetzung von Johann Heinrich *Voß* zur Hand, die zuerst im Jahre 1781 erschienen ist. – Schon in dieser Übertragung ist nicht zu übersehen, daß ein deutlicher Unterschied besteht zwischen einer Rahmen-Erzählung, die man später die Telemachie genannt hat, und der sogenannten Ur-Odyssee, der Fassung A, in der die eigentlichen Abenteuer des Helden erzählt werden. Es steht heute außer Zweifel, daß die Fassung A etwa 700 Jahre v. Chr., die Fassung B, die Telemachie, etwa um 600 v. Chr. aufgezeichnet wurde. Die Fassung A stammt also auch nicht von Homer, der etwa 800 v. Chr. lebte. Der Autor der Fassung B und erst recht die Urheber zahlreicher späterer Einfügungen sind unbekannt. Genaueres darüber können Interessierte im Kommentar der Prosa-Übersetzung von Wolfgang *Schadewaldt* nachlesen (Artemis-Verlag, Zürich 1966) und bei Ulrich *Crämer*, der es unternahm, die Ur-Odyssee nach der Voßschen Übersetzung gesondert herauszugeben: Grabert-Verlag, 1980.

Es fällt auf, wie uns in den Abenteuern der Ur-Odyssee Fabelwesen aller Art begegnen, die einer noch ganz archaischen Bilderwelt angehören, also einer deutlich älteren Bewußtseinsschicht als die jüngere Fassung B. In der Telemachie dagegen spielt sich alles auf einer mehr rationalen Ebene ab, auch dann, wenn die Götter darin vorkommen. Die Menschen dort ratschlagen miteinander und spinnen ihre Pläne. Zum Beispiel spielt hier die reale Beziehung zwischen Mann und Frau, zwischen Vater und Sohn eine wesentliche Rolle.

Von jeher hat es zahlreiche Versuche gegeben, eine Geographie der Odyssee zu erstellen und den Weg dieses Seefahrers der Antike nachzusegeln. Darüber kann man in dem Bildband von Erich *Lessing* nachlesen, Die Odyssee, Herder-Verlag 1977.

Alle Versuche, die Stationen des Odysseus eindeutig festzulegen, blieben aber ergebnislos. Vor allem bleibt es stets unklar, ob man sich am äußersten östlichen oder westlichen Ende der Welt befindet. Das Wesentliche an solchen Schilderungen ist die Benennung eines Randbezirkes der »Welt«, des menschlichen Daseins.

Es gibt vielfache Beziehungen zwischen der Fahrt des Odysseus und jener der *Argo*. Darüber unterrichtet uns Göran *Schildt* in seinem Segelbericht auf den Spuren der Argonauten, Das goldene Vlies, F. A. Brockhaus 1965. Wir wissen z. B., daß Kolchis, das Ziel der Argonautenfahrt, am äußersten östlichen Ende der damaligen Welt lag. Thrinacia, die Insel des Helios, ist wahrscheinlich Sizilien, nahe den Säulen des Herakles im Westen. Die In-

sel der Kalypso war vielleicht Malta und die Insel Scheria der Phaiaken vielleicht Korfu. Letztlich läßt sich aber nichts beweisen und wir müssen uns vorerst damit zufrieden geben, daß wir es bei den einzelnen Stationen auf dem Weg des Odysseus mit mythischen Orten zu tun haben, die den Wesen entsprechen, die dort hausen.

6 Odysseus war aber aus freien Stücken zurückgetreten, weil er sich für Penelope entschieden hatte.

7 Karl Kerényi in: Erich *Lessing,* Homer und seine Odyssee, S. 195, Herder 1980.

8 Odyssee, IXI, 405–409.

9 Odysseus versuchte hier, als einer zu erscheinen, der von der männlichen Logik noch nichts weiß. Er täuschte eine Regression vor, die ihm aber von Palamedes nicht abgenommen wurde.

10 Dreihundert Jahre nach Homer wird Odysseus ganz anders geschildert. In seiner »Hekabe« beschreibt ihn Euripides in dem ungünstigen Licht, in welchem in späteren Zeiten die Gefahren einer einseitig werdenden Rationalität erschienen. Dort wird Odysseus zum skrupellosen Menschen, der ohne jede Rücksicht auf die Gefühle anderer brutal das vertritt, was in diesem Augenblick als zweckmäßig erscheint.
Euripides, Sämtliche Tragödien, Bd. 1, Kröner 1958.

11 C. G. Jung, G.W. 8, II.Band, S. 311.

12 C. G. Jung, G.W. 7, S. 207–232.

13 I. Clarus, Du stirbst, damit du lebst, S. 58–72, Bonz 1979.

14 C. G. Jung, G.W. 7, S. 256, 259.

15 Sophokles, König Oidipus, Tusculum-Ausg. S. 353/354, Kröner 1941.

16 Der kleine Pauly, Band 3, S. 207.

17 Der kleine Pauly, Band 1, S. 1546.

18 Christine Pellech, Die Odyssee, S. 64.

19 I. Clarus, Du stirbst, damit du lebst, S. 35–38.

20 Neues Testament, Johannes 3,8.

21 Bruno P. Schliephacke, Bildersprache der Seele, Telos-Verlag 1920.

22 Möglicherweise liegt dieser homerischen Schilderung ein phoinikischer Reisebericht über die Polarländer zugrunde; zit. nach Pellech, S. 84: Pauly-Wissowa, Bd. 18/2, Spalte 1964.

23 Der kleine Pauly, Bd. 3, S. 458, 464/465 und Karl Kerényi, Mythologie der Griechen, S. 42/43.

24 J. W. v. Goethe, Faust I, Beschwörung des Erdgeistes.

25 Helle und Phrixos wurden von ihrer Stiefmutter Ino-Leukothea verfolgt. Ihre eigene Mutter, Nephele, verhalf den Kinder auf dem Sonnenwidder mit dem goldenen Vlies zur Flucht. Näheres darüber kann in der Argonauten-Sage nachgelesen werden. Von Aia-Kolchis mußte Jason einst das goldene Fell nach Griechenland zurückholen.

26 Karl Kerényi, Die Heroen der Griechen, S. 270.

27 J. W. v. Goethe, Faust II, »Am Kaiserhof«.

28 L. F. C. Mees, Helena und Penelope, S. 90.

29 Hugo Rahner, »Die seelenheilende Blume«, in Eranos XXII, 1945, S. 118.

30 In der Übersetzung von Schadewaldt und in der Tusculum-Ausgabe ist noch drastischer von »Mastschweinen« oder »Mastvieh« die Rede.

31 J. W. Goethe, Faust II, »Am Kaiserhof«.

32 Karl Kerényi, Mythologie der Griechen, Rheinverlag, S. 59–62.

33 Sirenen sind Seelenvögel oder vampyrartige Gestalten. Der Name kommt vielleicht von Griechisch »seivios« – brennend, glühend, heilig.
In H. Hunger, Lexikon der griech. und röm. Mythologie, Rowohlt 1974, S. 377–378.

34 Karl Kerényi, Mythologie der Griechen, S. 42.

35 Karl Kerényi, Mythologie der Griechen, S. 42.

36 Karl Kerényi, Mythologie der Griechen, S. 42/43.

37 Karl Kerényi, Mythologie der Griechen, S. 189.

38 Vorher jedoch hielt Kirke den »Gefährten« den Spiegel vor, in dem sie sich als »Säue« erkennen mußten. Eurylochos hatte bei diesem Geschehen die wichtige Funktion des Einzigen, der Distanz wahren und bemerken und melden konnte, was geschehen war.

39 Skylla bedeutet »die, die reisst«; v. Ranke Graves, S. 358.

40 In manchen »psychologisch« geführten Gruppen werden zum Beispiel Kontaktübungen durchgeführt, die das Gefühl einer besseren Beziehung zu anderen Menschen vermitteln sollen. Doch sind die meisten Teilnehmer diesen Aktionen innerlich keineswegs gewachsen, weshalb ihre seelische Isolierung nur scheinbar durchbrochen wird und ihr »Hunger« nach Nähe in Wirklichkeit ungestillt bleibt.

41 Der Name der Insel Ogygia leitet sich von Ogygos ab, dem einzigen Überlebenden aus der Welt des »Goldenen Zeitalters«, einer paradiesischen Vorzeit der Menschheit. Der kleine Pauly, Bd. II, S. 126.

42 Der Gräzist Günter Dietz (1988) weist darauf hin, daß die Grotte sowohl der Ort der Geburt, als auch des Todes sein kann. Den Namen der Kalypso übersetzt er als »die Verhüllerin«, womit gemeint ist, daß am Ort der »Verhüllung« (in der Anderswelt) nichts so ist, wie in der Dimension des Sicht- und Greifbaren des realen Lebens.

43 In der 18 sind 2 x 9 Tage enthalten. Die »9« begegnet uns schon vor der Landung bei Kalypso. Mit der 18 sind aber wahrscheinlich die 180 Tage eines halben *Sonnen*jahres gemeint. So war zum Beispiel auch in dem Märchen vom »Schiffbrüchigen« der Alten Ägypter (Sammlung der Märchen der Weltliteratur, Diederichs) der Seefahrer 6 Monate (180 Tage) unterwegs, bis er in die Heimat zurückkam. Dabei hielt er sich auf einer Insel auf, die von einem Wesen der Vorzeit bewohnt war. Nach 180 Tagen ist in einem Sonnenjahr eine Winter- oder Sommersonnenwende fällig, die einen neuen Anfang oder einen Abstieg der Sonne und im übertragenen Sinn des menschlichen Bewußtseins anzeigt. – Mit der Insel der Phaiaken gewinnt Odysseus zum ersten Mal wieder wirklich festen Boden unter seine Füße.

44 In der antiken Tradition gab es ein westlich gedachtes »Aethiopia inferior« und ein östlich lokalisiertes »Aethiopia sub Aegyptico« (Pellech, S. 283). Aber Krates von Mallos, 160 v. Chr., spricht auch von einem Aethiopien im äußersten Süden oder Norden der bewohnten Erde. In jedem Fall scheint es sich um das »Ende der Welt« zu handeln.

45 J. W. v. Goethe, Gesammelte Werke, Bd. 9, Cotta 1867.

46 Genaueres über Ino-Leukothea kann bei Apollodor I, 80–94, und bei Hygin, 3–4 nachgelesen werden. Griechische Sagen, Artemis-Verlag 1963.

47 Friedrich Hölderlin, Patmos-Hymne. Gedichte, Weimar 1922, S. 297.

48 Der kleine Pauly, Bd. I, S. 530.

49 Wolfgang Schadewaldt, Die Odyssee, Prosaübersetzung, VI, S. 105.

50 Bei der teilnehmenden Frage des Alkinoos werden wir an die erlösende Frage des Theseus an Oidipus in Kolonos erinnert.

51 An dieser Stelle wird besonders deutlich, worin sich Odysseus z. B. von dem entwurzelten Oidipus unterscheidet: Odysseus hat eine ganz unmittelbare Beziehung zu dem, was ich als »Metis« beschrieb, also zu einer auch dem Menschen innewohnenden Ordnung des Lebendigen, welche Odysseus im Bilde der Athena in gewandelter Gestalt zur Seite steht.

52 Der Bogen ist eines der Attribute des Gottes *Apollon*. Seine goldenen Pfeile sind Sonnen-Bewußtseins-Pfeile. Mit diesen Pfeilen besiegte Apollon einst den delphischen weiblichen Drachen.
Aber auch *Eros* besitzt Pfeile und einen Bogen. Der Bogen des Apollon steht mehr für die Erringung der Herrschaft, der Bogen des Eros für die Erringung der Braut. Beides gehört im archaischen Bereich noch nahe zusammen.

53 Julius *Schwabe* schreibt, daß die Athener die Tage gegen Neumond für ihre Hochzeiten zu wählen pflegten. Der Neumond zur Wintersonnenwende jedoch galt ganz speziell als Zeitpunkt der Hierogamie der Götter.
Julius Schwabe, Archetyp und Tierkreis, S. 416–418, Verl. Benno Schwabe & Co. 1951.

54 Es liegt nahe, in den zwölf Ösen der Äxte die heute noch üblichen 12 Ringe einer Schießscheibe zu sehen. Wer den »Zwölfer« schießt, hat symbolisch durch alle 12 Ringe geschossen und wird Schützenkönig für die Dauer eines Jahres. Das legt einen alten Brauch um die Herrschaft des früheren »Jahres-Königs« nahe, den ich aber bisher nicht belegen kann. Die 12 Ringe entsprächen dann den 12 Monaten des Jahres.
Auf den solaren Aspekt des Odysseus wurde bereits hingewiesen, und G. Dietz (1977, S. 16) erwähnt einen entsprechenden Kult auf Ithaka.

(zu Oidipus)

1 Kallimachos: Hymnen; in Griechische Gedichte, Tusculum-Ausg. p.161, o.J.
2 Der Kleine Pauly V, p.558 (DTV, München 1979).
3 Ovid, Metamorphosen III (Reclam, Stuttgart 1980).
4 Sophokles: Antigone (Heimeran, München 1961).
5 Euripides: Die Bakchen; in Sämtliche Tragödien, vol.1 (Kröner, Stuttgart 1958).
6 Euripides: Die Phönikerinnen; in Tragödien, vol.2, p.334 (Kröner, Stuttgart 1958).
7 zit. nach: Clarus, I.: Odysseus und Oidipus (Bonz, Fellbach 1986).
8 Clarus, I.: Keltische Mythologie, p.30, p.107f. (Walter, Olten 1991).
9 Lexikon der Keltischen Mythologie, pp.56–59 (Diederichs, Köln 1992).
10 Ninck, M.: Odin und der germanische Schicksalsglaube, pp.297–300 (Wissenschaftl. Buchgesellschaft, Darmstadt 1967).
11 Brosse, J.: Die Mythologie der Bäume, pp.103–105 (Walter, Olten 1990).
12 Burkert, W.: Griechische Religion der Klassischen Epoche, p.145 (Kohlhammer, Stuttgart 1977).
13 Sophokles: Antigone, Tusculum-Ausgabe, p.273ff.
14 Sophokles: Oidipus auf Kolonos, Tusculum-Ausgabe 1966.
15 Brommer, F.: Theseus (Wissenschaftl. Buchgesellschaft, Darmstadt 1982).
16 Homer: Odyssee X.
17 Euripides: Herakles; in Tragödien I, p.250, p.351.
18 Kerényi, K.: Die Mysterien von Eleusis, p.99 (Rhein-Verlag, 1992).
19 Die Gebr. Grimm: Kinder- und Hausmärchen II, Nr.130.
20 Goethe, J. W.: Faust I (Hexenküche) und Faust II (Walpurgisnacht).

Literaturverzeichnis

Aischylos, Tragödien und Fragmente, Klett, 1944.

Bechtold-Stäubli, Handwörterbuch des Deutschen Aberglaubens. Walter de Gruyter, 1927.

Horst *Blank*, Einführung in das Privatleben der Griechen und Römer. Wissenschaftliche Buchgesellschaft, Darmstadt, 1976.

Frank *Brommer*, Theseus. Wissenschaftliche Buchgesellschaft, 1982.

Frank *Brommer*, Odysseus. Wissenschaftliche Buchgesellschaft, 1983.

Walter *Burkert*, Griechische Religion der archaischen und klassischen Epoche. Kohlhammer, 1977.

Ingeborg *Clarus*, Du stirbst, damit du lebst. Ägyptische Mythologie in psychologischer Sicht. Bonz, 1979.

–, Vom Baum des Lebens und dem Kessel der Verwandlung, das Märchen von dem Machandelboom. Zeitschrift für Analytische Psychologie, S. Karger, 1983/4.

–, Die Differenzierung von Anima und Animus—dargestellt an den Grimmschen Märchen vom Eisenhans und der Gänsehirtin am Brunnen. In: Hans Schmid: Wege zur Identität, Königshausen + Neumann, 1983.

Günter *Dietz*, Das Bett des Odysseus, Symbolon-Jahrbuch für Symbolforschung (erste Folge, Band 7, S. 9–32), Schwabe + Co., 1971.

–, Der Weg des Odysseus, Symbolon-Jahrbuch (Neue Folge, Band 9, S. 73–106), E. J. Brill, 1988.

Duden, Herkunftswörterbuch 7. Bibliographisches Institut, 1963.

Euripides, Sämtliche Tragödien, Bd. II, Kröner, 1958.

Fabula, Band 16, Heft 1/2. Walter de Gruyter, 1975.

Berthold *Gaupp*, Neid als Reifungschance für den Beneideten. In: Peter-Michael Pflüger, Neid, Eifersucht, Rivalität. Bonz, 1982, S. 139 ff.

J. W. v. *Goethe*, Faust I + II.

–, Wilhelm Meister.

Emanuel ben *Gorion*, Der Born Judas. Insel-Verlag, 1959.

Griechische Sagen. Sammlung Artemis, 1963.

Jakob und Wilhelm *Grimm*, Kinder- und Hausmärchen.

Wolfgang *Helck*, Betrachtungen zur Großen Göttin und den ihr verbundenen Gottheiten. R. Oldenbourg, 1971.

Friedrich *Hölderlin*, Patmos-Hymne, Gedichte II. Verlag Erich Lichtenstein, 1922.

Erik *Hornung*, Der Eine und die Vielen. Wissenschaftliche Buchgesellschaft, 1971.

Herbert *Hunger*, Lexikon der griechischen und römischen Mythologie. Rowohlt TB, 1969.

James *Hillman*, Die Suche nach Innen. Daimon, 1981.

C. G. *Jung*, G.W. 5.

–, G.W. 7.

–, G.W. 9/I.

Karl *Kerényi*, Die Heroen der Griechen. Rheinverlag, 1959.

–, Mythologie der Griechen. Rheinverlag, 1951.
–, Die Mysterien von Eleusis. Rheinverlag, 1962.
–, Antike Religion. Wissenschaftliche Buchgesellschaft, 1971.
Erich *Lessing*, Die Odyssee. Herder, 1977.
Livius, Römische Geschichte, 1. Buch. Reclam Nr. 2031, 1981.
Erich *Neumann*, Die Ursprungsgeschichte des Bewußtseins. Kindler T.B., 1949.
–, Die Große Mutter. Wissenschaftliche Buchgesellschaft, 1957.
Ovid, Metamorphosen. Reclam Nr. 356.
Christine *Pellech*, Die Odyssee. Dietrich Reimer, 1983.
Plutarch, Über Isis und Osiris. Übersetzung und Kommentar von Theodor *Hopfner*. Wissenschaftliche Buchgesellschaft, 1967.
Der kleine *Pauly*, Lexikon der Antike. dtv, 1979.
Hugo *Rahner*, Die seelenheilende Blume. In: Eranos-Jahrbuch XXII, 1945.
Robert *v. Ranke-Graves*, Griechische Mythologie. Rowohlt, 1963.
Georges *Roux*, Delphi. Hirmer-Verlag, 1971.
Göran *Schildt*, Das Goldene Vlies. Auf den Spuren der Argonauten. F. A. Brockhaus, 1965.
Bruno P. *Schliephacke*, Bildersprache der Seele. Telos-Verlag, 1970.
Bruno *Snell*, Die Entdeckung des Geistes. Vandenhoek & Rupprecht, 1975.
Miloslav *Stingl*, Das Reich der Inka. Knaur T.B. Nr. 3732, 1982.
Jan *de Vries*, Keltische Religion. Kohlhammer, 1954.
Heinrich *Zimmer*, Das Mutterrecht der Pikten. Zeitschrift der Savigny-Stiftung, Bd. 16.

Benutzte Übersetzungen

Homer, Die Ilias, übersetzt von Johann Heinrich *Voss*. Reclam, 1951.
–, Die Odyssee, übersetzt von Johann Heinrich *Voss*, Reclam Nr. 280–283.
–, Die Odyssee, Prosaübertragung von Wolfgang *Schadewaldt*. Heimeran-Verlag, 1980.
–, Die Odyssee, Tusculum-Ausgabe, übertragen von Anton *Weiner*. Heimeran-Verlag, 1980.
–, Die Odyssee, Die Ur-Odyssee, übertragen von Ulrich *Crämer*. Grabert-Verlag, 1980.
Sophokles, König Oidipus, übersetzt von Ernst *Buschor*. Reclam 630.
–, König Oidipus, übersetzt von Wilhelm *Willige*. Tusculum-Ausgabe. Verlag Ernst Heimeran, 1966.
–, König Oidipus, übersetzt von Heinrich *Weinstock*. Kröner, 1941.
–, König Oidipus, übersetzt und kommentiert von Wolfgang *Schadewaldt*. Insel-Verlag, T.B. 15, 1981.
–, Oidipus auf Kolonos, übersetzt von Ernst *Buschor*. Reclam Nr. 641.
–, Oidipus auf Kolonos, übersetzt von Wilhelm *Willige*. Heimeran, 1966.
–, Oidipus auf Kolonos, übersetzt von Heinrich *Weinstock*. Kröner, 1941.

Christiane Lutz

Jeder ist Herakles
Süchtig handeln oder zum Ich entscheiden

143 Seiten, kartoniert
ISBN 3-87089-316-8

Ist Herakles, der tapfere Held der griechischen Mythologie, Abbild unserer Gesellschaft, getrieben, wie wir, von Süchten und maßlosen Ansprüchen, und dem Bedürfnis, gottähnlich zu sein?

Unverdrossen stapft Herakles von einer Heldentat zur anderen. Er erledigt die maßlosen Wünsche seines Schattenbruders und verliert dabei die Beziehung zu sich selbst. Am Ende steht er mit leeren Händen da: Er erschlägt im Wahnsinn seine Kinder und zerstört damit sein eigenes soziales Umfeld. Erst im Bannkreis einer neuen Weiblichkeit entdeckt er seine fühlende Seite, und seine infantile und rastlose Ich-Zentrik weicht einer Bereitschaft zu erwachsener Verantwortung. Aus seiner süchtigen Flucht in das Aussen wird ein Suchen nach Innen. Der Preis für ein neues Sein ist eine Einsamkeit, in der sich der lebendige Bezug zur Transzendenz entwickeln kann.

Sucht nach Macht und Materie, die "Suche nach der verlorenen Zeit", die Angst vor Beziehung und die Sentimentalisierung unseres Mitgefühls sind bestimmende Parameter des heutigen gesellschaftlichen Lebens. Werden darin -wie bei Herakles- verzweifelte Kompensationsversuche einer beziehungsarmen Kindheit sichtbar?

Wir tun gut daran, uns diesen Fragen zu stellen. Das Schicksal und der Lebensweg des Herakles weisen uns Wege, aus dem Teufelskreis der ständigen Überforderung und der überhöhten Ansprüche an uns selbst auszusteigen. Wir haben dafür Opfer zu bringen, aber der letztendliche Gewinn ist eine reifere und verantwortungsvolle Lebenshaltung. Hoffnungsvolle Perspektive auf der Schwelle zum nächsten Jahrtausend?

Horst Obleser

Parzival auf der Suche nach dem Gral
Tiefenpsychologische Aspekte der Grals-legende

234 Seiten, kartoniert
ISBN 3-87089-385-0

Das Absinken des Bewußtseins um eine höhere Macht und das damit verbunde Schwinden religiöser Rituale und psychologischer Symbole, führt zunehmend zum (psycho)logischen Rückzug ins eigene Ich und zum resignativen Verzicht auf die Suchwanderung nach höheren Werten.

Parzival geht den umgekehrten Weg: Schritt für Schritt befreit er sich aus den Fesseln seiner eigenen Unbewußtheit. Der Bewunderung äußeren Glanzes folgt Zweifel an Gott (wer würde das nicht kennen?), um dann einem in die Beziehung hineinwachsenden Selbstbewußtsein in Einklang mit der göttlichen Macht Platz zu machen - ein Entwicklungsweg, der auch uns offen steht, und den zu gehen Not tut.

Vom Tölpel zum Ritter der Tafelrunde und, nach einer schweren Reifungskrise, zum Gralskönig sind die Stationen des Parzival. Als Archetyp des jugendlichen Helden stiftet er zunächst in seiner Unerfahrenheit Unheil, das er im Laufe seiner Selbstfindung korrigieren kann. Seine schrittweise Differenzierung im Umgang mit dem Weiblichen, das ihm in den unterschiedlichsten archetypischen Erscheinungsformen begegnet, ihm zu Bedrohungen und Hilfe gleichzeitig wird, aber auch der Umgang mit seinem "Bruder" Gawan und anderen männlichen Weggefährten bringen seinen Individuationsprozeß voran.

Parzival stellt die entscheidende Frage, aus Mitgefühl und ohne Eigennutz, und erringt so den Gral. Dieser verleiht ihm ein Höchstmaß an menschlicher Würde und an Fülle dort, wo heute vielfach Leere herrscht. Die Leere an Sinn aber, Mutlosigkeit zur eigenen Unzulänglichkeit, Angst vor Zweifel und Mangel an Beziehung können auch wir mit der richtigen Frage überwinden. Obleser macht Mut, diese zu suchen und zu stellen; die Antwort geschieht dann nämlich von alleine.